W0070676

Universal
Bibliothek

BIOGRAFIEN

Johannes Irmscher

SOKRATES

Versuch einer Biografie

1989

Verlag Philipp Reclam jun. Leipzig

Mit 27 Abbildungen

ISBN 3-379-00475-8

© Verlag Philipp Reclam jun. Leipzig 1982

Reclams Universal-Bibliothek Band 911
3. Auflage
Umschlaggestaltung: Friederike Pondelik unter Verwendung einer
Zeichnung von Fotis Zaprasis (1980)
Lizenz Nr. 363. 340/6/89 · LSV 0118 · Vbg. 7,1
Printed in the German Democratic Republic
Lichtsatz:
INTERDRUCK Graphischer Großbetrieb Leipzig – III/18/97
Druck und buchbinderische Verarbeitung:
Grafischer Großbetrieb Völkerfreundschaft Dresden
Gesetzt aus Garamond-Antiqua
Bestellnummer: 661 019 7
00200

Das Problem der Sokratesbiographie

Das Genus der Biographie, das die griechische Antike als literarische Form entwickelte, erfreut sich in unseren Tagen zunehmender Beliebtheit. Die Entfaltung einer Persönlichkeit, in ihren historischen Umständen erfaßt, zieht immer wieder unsere Aufmerksamkeit auf sich. Die biographische Darstellung historisiert das Individuum und vermenschlicht zugleich die Geschichte; sie unterhält und belehrt in einem. In solchem Sinne wirkten bereits die Biographien, welche die Antike selbst hervorbrachte — ich nenne als die bekanntesten die „Vergleichenden Lebensbeschreibungen" des Plutarch aus Chaironeia in Böotien (um 46 bis nach 119), die Kaiserbiographien des Römers Sueton (um 70 bis 140), die „Leben und Meinungen berühmter Philosophen" des Griechen Diogenes Laertios (um 220) —, und in solchem Sinne üben Biographien von Persönlichkeiten aus dem klassischen Altertum auch noch heute Wirkung. Der Versuch, eine Biographie des Sokrates abzufassen, von dem Marx 1842 in der „Neuen Rheinischen Zeitung" als der inkorporierten Philosophie sprach (MEW 1, 1956, 91), scheint somit durchaus legitim; trotzdem ist er nicht ohne Problematik.

Ausgehend von den modernen Gegebenheiten, erwartet der Leser einer Biographie eine im wesentlichen lückenlose Darstellung der Vita der gewürdigten Persönlichkeit. Für Sokrates ist jedoch — im Gegensatz zu vielen Politikern und Militärs des Altertums, in Übereinstimmung dagegen mit anderen Repräsentanten des Geisteslebens jener Epoche — eine Quellenüberlieferung, welche seinen Lebensgang auch nur in den großen Zügen verfolgen ließe, nicht vorhanden. Sehr wohl aber vermögen wir die wenigen Zeugnisse, über die wir verfügen, in die größeren zeit- und kulturgeschichtlichen Zusammenhänge einzuordnen, von denen her die zu behandelnde Persönlichkeit ihr Licht empfängt.

Bei einem Ideologen sind Leben und Werk nicht zu trennen, ja das eine wird erst durch das andere verständlich. Sokrates aber hat keine schriftlichen Äußerungen hinterlassen; andererseits gibt es eine Vielzahl teilweise einander widersprechender Traditionen späterer Philosophenschulen, die sich sämtlich auf ihn berufen. Man hat angesichts dieser Sachlage nicht ohne Berechtigung Sokrates mit Jesus von Nazareth, den Stifter des Christentums, in Vergleich gebracht, dessen Leben und Werk ja ebenfalls nicht durch unmittelbare Geschichtsquellen, sondern lediglich durch die Glaubenszeugnisse der verschiedenen Richtungen in der christlichen Urgemeinde faßbar werden. So aber, wie die Leben-Jesu-Forschung in ihrem Bemühen scheiterte, eine quellenmäßig abgesicherte Biographie des Jesus von Nazareth zu schreiben, ist nach der Meinung zahlreicher sachkundiger Beurteiler der Versuch von vornherein untauglich, eine Lebensbeschreibung des Sokrates zu konzipieren.

So gewichtig die in diesem Zusammenhang ins Feld geführten Gründe zweifelsohne sind, glauben wir, daß dennoch der Versuch gewagt werden sollte, ein Lebensbild der zweifelsfrei markantesten Philosophenpersönlichkeit der griechisch-römischen Welt zu erarbeiten. Dabei wird das Hauptgewicht auf den Bios gelegt werden, auf das Leben des Sokrates aus und in den Umständen seiner Zeit. Die Lehre aber, soweit sie sich mit behutsamer Interpretation zuverlässig erschließen läßt, kann hier nur in dem Umfange behandelt werden, der zum Verständnis des Lebensganges erfordert wird. Eine umfassende, sich mit der Überlieferung voll auseinandersetzende Darstellung der Sokratischen Philosophie — eine überaus notwendige Aufgabe, wie uns scheinen will —, stellt ein spezielles Anliegen dar, das außerhalb unserer Fragestellung liegt.

Der historische Hintergrund

Das 5. Jahrhundert v. u. Z., das Säkulum, in das Sokrates'
Leben und Wirken fällt, wird als die klassische Periode in der
Geschichte des alten Griechenlands bezeichnet. Es war die
Epoche seiner höchsten inneren Blüte (Karl Marx, MEW 1, 91),
der vollen Entfaltung der Staatsform der Polis, des Stadtstaates, der in Athen seine markanteste Ausprägung fand, und
zugleich die Epoche, in der sich die Krise dieser Staatsform
unüberhörbar ankündigte.
Nachdem seit dem Ausgang des 6. Jahrhunderts die Zahl der
Sklaven durch den wachsenden Sklavenhandel, der vornehmlich auf dem Seewege betrieben wurde, beständig zunahm, hatte
sich in der Polis Athen „die Sklaverei der Produktion ernsthaft
bemächtigt" (Karl Marx, MEW 23, 354, Anm. 24). Nach einer
Berechnung des britischen Gelehrten A. W. Gomme, der ein
gewisser Wahrscheinlichkeitswert zukommt, zählte Attika im
Jahre 431 315000 Einwohner, darunter ein knappes Drittel =
115000 Sklaven. Man darf annehmen, daß die bäuerlichen
Familienwirtschaften und handwerklichen Familienbetriebe in
der Regel ein bis zwei Sklaven besessen haben, während gleichzeitig landwirtschaftliche Großbetriebe und große Werkstätten
(Ergasterien) sowie der Silberbergbau in Laureion Sklaven in
sehr viel größerer Zahl — von mehreren hundert bis zu tausend
spricht die Überlieferung — beschäftigten. Neben der Sklaven-
arbeit spielten nach dem Gesagten im 5. Jahrhundert die Arbeit
selbständiger Kleinproduzenten sowie die freie Lohnarbeit in
der Landwirtschaft und im städtischen Handwerk gleichfalls
eine nicht zu übersehende Rolle. Obgleich jene persönlich frei
waren, unterschieden sich die Lebensbedingungen und Lebensformen von pauperisierten Kleineigentümern und Landarbei-
tern oft nur unerheblich von der Lage der Sklaven. Vollen
Gebrauch zu machen von ihrer Freiheit — im Dienste der
Mitgestaltung des gesellschaftlichen Lebens sowie in Form
wissenschaftlicher und kultureller Aktivitäten — vermochten
realiter nur die Angehörigen der wohlhabenden Oberschicht,
welche an der Produktion in erster Reihe planend und leitend

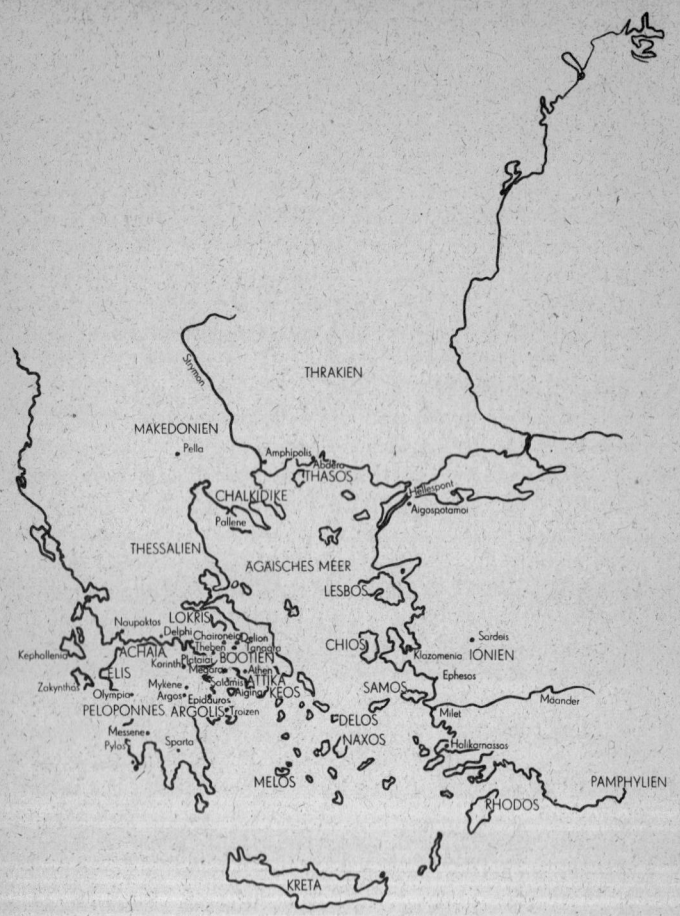

teilnahmen; für die unteren Schichten dagegen, insbesondere für die von der Stadt Athen mehr oder minder weit entfernt wohnenden attischen Bauern, war trotz staatlicher Diätenzahlung die Wahrnehmung ihrer politischen Rechte nur allzuoft illusorisch.

Außer freien Bürgern und Sklaven gab es als eine dritte Bevölkerungsgruppe die Metöken, die „Mitwohnenden", freie

Fremde, die in Athen ansässig waren, ohne das Bürgerrecht zu besitzen. Sie zahlten ein Schutzgeld und waren, da sie kein Land besitzen durften, vornehmlich im Handwerk und Handel tätig, wobei sie es gelegentlich zu Reichtum und Vermögen brachten — Gomme schätzte ihre Zahl für das Stichjahr 431 auf 9 500, mit Angehörigen auf 28 500 Köpfe. Vom politischen Leben ausgeschlossen waren sie ebenso wie die Sklaven und die — Frauen; die athenische Demokratie war somit in vollem Sinne eine Demokratie der Sklavenhalter, und auch von diesen nur der reichen. Zwar war durch die Maßnahmen der Reformer Solon (Einteilung der freien Bürger in Vermögensgruppen; Schaffung des Rates der 400 als Gegengewicht gegen den aristokratischen Areopag), Peisistratos (Konfiskation und Aufteilung von Großgrundbesitz) und Kleisthenes (Verfassungsreform zur Auflösung der alten Phylenordnung, Bildung des durch Los gewählten Rates der 500) im Verlaufe des 6. Jahrhunderts die Macht der alten Adelsfamilien beschränkt worden, trotzdem besaßen diese jedoch dank ihrer ökonomischen Positionen noch erheblichen politischen Einfluß. Aristokratische Grundeigentümer verkauften die Überschüsse ihrer Produktion auf dem städtischen Markt und gelangten durch solche Ware-Geld-Beziehungen in eine Interessengemeinschaft mit den reichen Ergasterienbesitzern und Großhändlern. Die Inhaber der ohne Vergütung ausgeübten Wahlämter in der athenischen Polis, welche neben den Losämtern zunehmend an Bedeutung gewannen, kamen vornehmlich aus diesen Kreisen. Das galt insbesondere für das Kollegium der zehn Strategen („Feldherren"), bei denen ursprünglich — mit täglich wechselnder Verantwortung — der Oberbefehl über Heer und Flotte lag, die jedoch, am sichtbarsten in der Gestalt des Perikles, auch beträchtlichen politischen Einfluß besitzen konnten. Die politische Gleichberechtigung der athenischen Bürger und der demokratische Charakter ihres Staates waren somit mehr deklarativ als real.
Ungeachtet solcher inneren Widersprüche hatte indes die Polis Athen ihre historische Bewährungsprobe bestanden, als sie zu Beginn des 5. Jahrhunderts in den Perserkriegen zur Vorkämpferin hellenischer Freiheit geworden war.
Die Perser, ein indoeuropäisches Volk im Südwesten Irans, hatten im Verlaufe des 6. Jahrhunderts unter den Königen Kyros II. und Kambyses II. ein Großreich errichtet, das Kleinasien, Babylonien und Ägypten umfaßte; mit dem Fall der

lydischen Macht im Jahre 546 waren auch die kleinasiatischen Griechenstädte, die bislang jener unterworfen gewesen waren, in den persischen Staat eingegliedert worden. Die Fortsetzung der Expansion führte im Jahre 513 zur Besetzung des Hellesponts und zur Okkupation der Inseln Chios und Samos; dadurch war der für die kleinasiatischen Seestädte lebenswichtige Seehandel unterbunden. Als die Perser zudem deren demokratische Entwicklung durch offene Unterstützung der reaktionären Kräfte behinderten, kam es 500 zum Ionischen Aufstand; schlecht vorbereitet und in Einzelaktionen sich verzettelnd, endete dieser nach der Zerstörung des Handels- und Kulturzentrums Milet 494 mit einer Niederlage.

Die Unterstützung der Aufständischen durch mutterländische Poleis, darunter auch Athen, dienten dem Perserkönig Dareios I. zum Vorwand, eine gewaltige Heeresmacht zur Vergeltung gegen Griechenland zu führen. Diese Bedrohung der nationalen Existenz entfachte indes den Patriotismus und Kampfgeist der Griechen und vereinigte sie für eine Zeitlang über Polisgrenzen hinweg zur erfolgreichen gemeinsamen Aktion. Der erste Angriff im Jahre 490 wurde noch von Athen allein abgeschlagen; die Kämpfer der persischen Flotte, die bei Marathon, vierzig Kilometer von der Stadt entfernt, gelandet waren, erlitten durch das von Miltiades geführte Hoplitenheer eine vernichtende Niederlage. Der nächste persische Vorstoß, den Dareios' Sohn Xerxes, seit 486 Großkönig, systematisch vorbereitet hatte, erforderte das Zusammenwirken aller. Auf athenische Initiative kam 481 ein Defensivbündnis der griechischen Festlandstaaten zustande; Sparta, welches das stärkste Hoplitenkontingent stellte, erhielt den Oberbefehl, trotzdem blieb die Hauptlast für Athen zu tragen. Nachdem die Perser den Engpaß der Thermopylen durchbrochen hatten, fielen sie nach Attika ein und verwüsteten die Hauptstadt, aus der Frauen und Kinder evakuiert worden waren, während die Männer beim Heer und in der Flotte standen. Schon schien die Sache der Griechen verloren, als Themistokles in für die Verteidiger vorteilhafter Lokalität bei der Insel Salamis die zwar große, aber uneinheitliche persische Flotte zwang, sich den geübten griechischen Trieren zu stellen. Diesem Seesieg, den die für Vaterland und Freiheit kämpfenden Griechen im Jahre 480 errangen, folgten im Jahre darauf die Niederlage des persischen Landheeres bei Plataiai in Böotien und die Erstürmung des

Spartanische Hopliten

persischen Schiffslagers bei Mykale nahe der Mäandermündung in Kleinasien durch ein von dem Spartanerkönig geführtes Landungskorps.

Mochte man auch von einer panhellenischen Idee und vollends von ihrer Verwirklichung noch weit entfernt sein, so hatte doch

Athen durch seine Leistungen und seine Opfer in ganz Hellas moralisches und politisches Prestige gewonnen. Schon bald freilich erwiesen sich die innergriechischen Differenzen als stärker als die Gemeinsamkeiten. An dem Kampfbündnis, das 478/77 zur Fortsetzung des Perserkrieges und zur Befreiung der kleinasiatischen Griechenstädte geschlossen wurde, nahm Sparta nicht teil, weil es die athenische Hegemonie allgemein und die Stärkung seiner Seemacht im besonderen mißbilligte. In der Tat entwickelte sich die Symmachie, welche mit einem modernen Terminus als Attischer Seebund bezeichnet wird, bald zu einem Machtinstrument der athenischen Politik. Allein der Umstand, daß der Bund ohne zeitliche Begrenzung geschlossen worden war, ließ die Möglichkeit offen, einen eventuellen Austritt als Verrat zu brandmarken und die Mitglieder mit Gewalt an das Vertragsverhältnis zu binden. Lediglich die bedeutenderen Bündner wie Chios, Lesbos und Samos und anfänglich auch Naxos und Thasos stellten Flottenkontingente, über die Athen, das sie an eigener Stärke jederzeit übertraf, den Oberbefehl führte. Die übrigen Mitglieder zahlten statt dessen einen Geldbeitrag (Phoros), der sie vollends von Athen abhängig machte. Diese Gelder wurden im Apollontempel der Insel Delos deponiert und von zehn dafür bestellten Finanzbeamten verwaltet. Sie dienten in erster Reihe der gemeinsamen Flotten- und Heeresrüstung, wurden jedoch zunehmend von Athen auch für dessen eigene Zwecke verwendet, für den Bürgersold zum Beispiel und den Ausbau der Akropolis.

Aber nicht nur über See, auch zu Lande suchte sich die Polis Athen zu festigen. Unter Leitung des Themistokles, der als Demokrat die Interessen der großen Händler vertrat und dementsprechend die Erweiterung des athenischen Absatzmarktes und die Sicherung der Absatzwege forcierte, war bereits 493/92 der Hafen von Piräus ausgebaut worden. Nach dem Sieg über die Perser wurden 479/78 die sechs Kilometer umfassenden Langen Mauern errichtet, welche Stadt und Hafen verbanden; Flotte und Seeverkehr Athens waren dadurch wirksam geschützt. Diese Politik, die den Erfordernissen vor allem der städtischen Bevölkerung entgegenkam, rief jedoch den Widerstand der aristokratischen Grundeigentümer sowie der durch sie ebenfalls benachteiligten attischen Bauern auf den Plan und stieß mit Notwendigkeit bei den Spartanern auf Argwohn.

Triere

Triere

Themistokles wurde daher durch das Scherbengericht (Ostrakismos) verbannt und starb als persischer Vasall in Magnesia in Kleinasien.

Die führende Stellung in der Stadt nahm nunmehr Kimon ein, der Sohn des Miltiades, der dank seiner Verwandtschaft mit dem thrakischen Königshaus über Reichtum und Einfluß verfügte. Ungeachtet ihrer Grundtendenz, die Verbindung zu Sparta zu festigen, war seine Politik zugleich um die Stärkung des Seebundes bemüht, der in der Schlacht am Eurymedon im kleinasiatischen Pamphylien (zwischen 469 und 466) seine Bewährungsprobe bestand; die Perser wurden zu Wasser und zu Lande geschlagen, ihre Vorherrschaft in den Gewässern zwischen Kleinasien und Zypern gebrochen. Trotzdem wuchs die Unzufriedenheit des athenischen Demos über die konservative Innenpolitik und die Spartafreundschaft Kimons. Als Kimon 462 zur Unterdrückung des Helotenaufstandes im dritten Messenischen Kriege ein Hoplitenkontingent entsandte und dieses von den Spartanern zurückgewiesen wurde, nutzte die demokratische Opposition jenen Affront, um Kimon 461 zu ostrakisieren. Schon im Jahre vorher hatte der Sprecher jener

13

Opposition, Ephialtes, grundlegende Verfassungsänderungen eingeleitet, Der Areopag, der alte Adelsrat, wurde politisch entmachtet und auf die Blutgerichtsbarkeit in Mordprozessen beschränkt; Rat (Bule), Geschworenengericht (Heliaia) und Volksversammlung (Ekklesia) traten in seine Rechte ein, sämtlich Institutionen, in denen der städtische Demos den maßgeblichen Einfluß besaß. Ephialtes' Ermordung im Jahre 461 leitete sodann in jene kurze Periode über, in der die athenische Polis namentlich in kultureller Hinsicht ihre höchste Blüte erlebte: das Zeitalter des Perikles.

Perikles (um 495—429), von aristokratischer Abkunft, ein Enkel des Kleisthenes, der, wie wir sahen, mit der Entmachtung des Gentiladels gegen Ausgang des 6. Jahrhunderts der athenischen Sklavenhalterdemokratie den Weg gebahnt hatte, führte die Reformen des Ephialtes weiter. Den Mitgliedern des Rates und der Geschworenengerichte wurden Tagegelder für den entstandenen Verdienstausfall bewilligt, für die Wahrnehmung von Staats- und Gerichtsfunktionen mit Einschluß des zum Staatskult gehörenden Theaterbesuches konnten Diäten gezahlt werden. So sollte zumindest für die Stadt und ihre nähere Umgebung die demokratische Betätigung aller freien Bürger ermöglicht werden. Einen hinreichend gründlichen Überblick über die politischen Vorgänge, um in diese entscheidend eingreifen zu können, vermochten sich freilich auch jetzt nur diejenigen zu verschaffen, die über die dazu notwendige Muße verfügten und sich über längere Zeit dem öffentlichen Wirken widmen konnten, also die grundbesitzenden Aristokraten sowie die Wohlhabenderen unter den Handel- und Gewerbetreibenden. Immerhin suchte man einer allzu starken Konzentration des Reichtums entgegenzuwirken, indem die Volksversammlung bemittelte Bürger zu Liturgien verpflichten konnte, das heißt zu außerordentlichen Leistungen im Dienste des Gemeinwohls, wie zum Beispiel zur Ausrüstung und Unterhaltung eines Kriegsschiffes (Trierarchie), zur Ausstattung und Einstudierung eines Chores beim Dionysosfest (Choregie), zur Unterhaltung eines Turnplatzes (Gymnasiarchie). Auch Metöken durften zu solchen Leistungen verpflichtet werden, nachdem ihnen nicht nur Rechtsschutz gewährt, sondern auch die Teilnahme an Kulten und Festen eingeräumt worden war, ja Privilegierte unter ihnen sogar Grundbesitz zu erwerben vermochten. Dagegen drängte im Interesse vor allem der ärmeren

Perikles. London, British Museum

Polisbürger das Bürgerrechtsgesetz von 451 auf Exklusivität: Nur derjenige sollte das athenische Bürgerrecht behalten dürfen, dessen beide Elternteile aus der Stadt oder aus Attika stammten.

Außenpolitisch hatte Athen nach dem Bruch mit Sparta im Jahre 462 seine Stellung weiter festigen können. In den fünfziger Jahren des 5. Jahrhunderts war die Vorherrschaft in Mittelgriechenland ausgebaut und gesichert worden. Ein spartanisch-böotischer Sieg bei Tanagra im Sommer 457 wurde zwei Monate später durch die Schlacht bei Oinophyta wettgemacht, die Athens Position in Böotien besiegelte. Dieser Waffenerfolg bot die Voraussetzungen für ein brutales Vorgehen gegen die blühende Handelsstadt Aigina, am Saronischen Meerbusen Attika vorgelagert, die alte Rivalin Athens. Die Aigineten wurden genötigt, ihre Flotte auszuliefern und sich dem Attischen Seebund anzuschließen; unter dem athenischen Druck erlosch auch das künstlerische Leben in der Stadt.

Sokrates hatte das Ephebenalter noch nicht erreicht, das 18. Lebensjahr, in dem die jungen Männer in die Bürgerrolle aufgenommen wurden und ihren Militärdienst ableisteten, als Athen auf dem unbestrittenen Höhepunkt seiner Macht stand. Das gesamte Territorium von Isthmus von Korinth bis an die Grenzen Thessaliens, das seinerseits formaliter gleichfalls abhängig war, stand unter fester athenischer Kontrolle, selbst peloponnesische Poleis wie Troizen (in der Argolis) gehörten zum Attischen Seebund, das Ägäische Meer war im vollen Sinne zu einem athenischen Meer geworden; so vermochte man in der Folgezeit Achaia seine Selbständigkeit zu nehmen und durch die Ansiedlung messenischer Heloten in Naupaktos am Korinthischen Golf einen Stützpunkt zu errichten, während die Inseln Zakynthos und Kephallenia von Korinth abfielen und sich Athen anschlossen. Da erlitt Athen, das die aufständischen Ägypter gegen den Perserkönig unterstützt hatte, mit seinen dortigen Marineeinheiten eine schwere Niederlage, in deren Folge Zypern an die Perser verlorenging und 453 ein Waffenstillstand mit Sparta abgeschlossen werden mußte, der die Spartaner wieder zu Herren des Peloponnes machte. Nachdem trotz eines Flottensieges nahe bei Zypern 450 eine militärische Entscheidung gegen Persien nicht hatte herbeigeführt werden können, wurde Kimons Schwiegersohn, der wegen seines Reichtums berühmte Kallias, in die persische Hauptstadt Susa entsandt; das Ergebnis der langwierigen Verhandlungen war 449 ein Kompromiß: Der Perserkönig sicherte den kleinasiatischen Griechenstädten ihre Autonomie zu, diese verblieben jedoch im Verband des persischen Reiches; gleichzeitig wurde das Ägäische Meer für persische Schiffe gesperrt. Ein panhellenischer Friedenskongreß, den nach der Beendigung des Perserkrieges Perikles einzuberufen beabsichtigte, kam jedoch infolge des Widerstrebens der Spartaner nicht zustande. Erhebungen in Böotien und auf Euböa sowie in Megara konnte Athen unterdrücken, und mit Sparta wurde 446/45 ein Ausgleich möglich, der den Status quo bestätigte. Bis nach „Großgriechenland", das heißt Unteritalien, vermochte sich Athen zu expandieren, wenn es 444/43 an der Stelle der alten Stadt Sybaris, die 510 von dem benachbarten Kroton zerstört worden war, eine panhellenische Kolonie (= „Pflanzstadt") gründete. Den Aufstand der samischen Bündner in den Jahren 441 bis 439 konnte Perikles noch niederwerfen; aber er war ein sichtbares Signal dafür, daß es nicht gelungen war, ein Gemeinschaftsbewußtsein unter den Mitgliedern des Seebundes zu wecken. Angesichts der athenischen Politik der Ausbeutung und Unterjochung der Bündner, in deren gesellschaftliches Leben man rücksichtslos eingriff und deren selbständige Münzprägungen durch die attische verdrängt wurden, ist das kaum zu verwundern. Athens Befestigung, seine Prachtbauten, besonders auf der Akropolis, seine einzigartige kulturelle Blüte sind nicht denkbar ohne die mitleidslose Exploitation seiner Bundesgenossen.

Die angedeuteten Widersprüche eskalierten sich im Laufe der Jahre, und neue traten hinzu. Der Gegensatz zwischen den Poleis Athen und Sparta, die beide die Hegemonie in Griechenland anstrebten, mußte sich verschärfen, je stärker Athen sich auch auf dem Festlande zu verankern suchte. Dazu trat der innenpolitische Gegensatz: Athen repräsentierte die (Sklavenhalter-)Demokratie und war bemüht, diese Staatsform überall, wo nur möglich, zu fördern, während Sparta mit seinem aristokratisch-oligarchischen Regime allenthalben Hort und Hoffnung der konservativen und reaktionären Elemente bildete. Und endlich führte die Handelskonkurrenz zu Verwicklungen zwischen Athen auf der einen, Korinth und Megara auf der anderen Seite: Die Rivalität zu Korinth wuchs, je mehr Athen seinen Einfluß auf die Städte an der Westküste der Balkan-

Parthenon. Athen

halbinsel auszudehnen vermochte, die den Weg nach Italien und
Sizilien eröffneten. Dieser Handel hatte mit dem ökonomischen, politischen und kulturellen Aufschwung, den die
Griechenstädte im hellenischen Kolonisationsgebiet Unterita-
liens und Siziliens, dem schon erwähnten Großgriechenland,
nahmen, erheblich an Bedeutung gewonnen. Der Peloponnesi-

sche Krieg (431—404), der den Niedergang Athens und des
hellenischen Polissystems überhaupt einleitete, entzündete sich
infolgedessen an der Rivalität Athens und der dorischen Städte
Megara und Korinth. Ehe wir jedoch auf seinen Verlauf und
seine Ergebnisse eingehen, wird es gut sein, einen Blick auf die
kulturelle Entwicklung Athens im 5. Jahrhundert zu werfen.

Während die hellenische Kultur der archaischen Periode sich um mehrere Zentren gruppierte, stand von den Perserkriegen an Athen unbestritten im Mittelpunkt. Die Bedeutung des Erlebnisses der Perserkriege für die Entwicklung der Künste war den Griechen selbst bewußt; so verband man die drei großen Repräsentanten der attischen Tragödie mit der Schlacht bei Salamis (480): Aischylos habe an ihr als Kämpfer teilgenommen, Sophokles, mit der Leier voranschreitend, den Siegesreigen angeführt, und Euripides sei am Tage der Schlacht geboren worden. In der Tat besaß das Drama, die Tragödie sowohl wie die Komödie, für die Herausbildung und Reflexion des Selbstbewußtseins der attischen Polisbürger erhebliche Bedeutung; an ihm konnte gewissermaßen der Pulsschlag der Polis gemessen werden. Aus dem Kult des Fruchtbarkeitsgottes Dionysos erwachsen und auch in der klassischen Periode mit diesem verbunden, gehörten die Dramenaufführungen untrennbar zum Leben der Stadt.

Sie fanden an den Dionysosfesten im Dionysostheater am Südhang der Akropolis statt. Die Bühnenausstattung war recht gering. Die kreisrunde Spielfläche wurde durch eine Bude (skene, davon Szene) begrenzt, die Schauspielern und Chorsängern die Möglichkeit zum Umkleiden gab; ihre den Zuschauern zugekehrte Wand bildete den Hintergrund für das Spiel. Das Dionysostheater bot bis zu 17000 Zuschauern Raum, auch Frauen hatten Zutritt. Um allen Bürgern den Theaterbesuch zu ermöglichen, wurde, wie schon in anderm Zusammenhang erwähnt, seit der Zeit des Perikles den Ärmeren für den entstandenen Verdienstausfall ein sogenanntes Schaugeld aus der Staatskasse gezahlt. Gespielt wurde an drei Tagen jeweils vom Morgen bis zum Abend; an jedem Tag wurde eine Trilogie meist inhaltlich zusammengehöriger Dramen nebst einem Satyrspiel aufgeführt. Dieser Tragödienaufführung war seit dem Jahre 486 eine Aufführung von fünf Komödien vorangestellt; seit 440 gab es noch eine zusätzliche Komödienvorstellung. Die Theateraufführungen waren als musische Wettkämpfe (Agone) gestaltet, in denen sowohl die Dichter als auch die Choregen, das heißt diejenigen wohlhabenden Bürger, die mit der Einstudierung des Chors und der Aufführung des Dramas beauftragt waren, um den Siegespreis rangen.

Aus bescheidenen Anfängen erwuchs die Tragödie in der Person des Aischylos sogleich zu höchster Blüte. Der Sproß der alten

Musik im Drama. Attischer Volutenkrater

Adelsgesellschaft, deren Weltanschauung und Ideale er keineswegs preisgab, wußte dennoch den durch die Polisdemokratie verkörperten Fortschritt zu begreifen und nahm für ihn mit den Mitteln seiner Kunst Partei. Von seinen neunzig Tragödien sind nur sieben vollständig überliefert. In den „Persern" von 472 wird anstelle des mythologischen ein höchst aktueller zeitgenössischer Stoff behandelt; im Spiegel der persischen Niederlage zeigt der Dichter die Größe Athens und warnt zugleich durch das persische Exempel vor Hybris, Selbstüberhebung. In den „Sieben gegen Theben", einem Stück aus dem thebanischen Sagenkreis, wird in mythologischer Einkleidung die Überlegenheit der Polis- gegenüber der alten Gentilordnung herausgestellt, ein Gedanke, der ähnlich in den „Schutzflehenden" („Hiketides") von 463 anklingt und sich mit dem bereits geläufigen Motiv der Abwehr des orientalischen Despotismus verbindet. Die Orestes-Trilogie, welche die blutigen Schicksale des fluchbeladenen Atridenhauses, des Königsgeschlechtes von Mykene, behandelt, erinnerte beispielgebend an den Ausgang des Konfliktes zwischen mutter- und vaterrechtlichem Prinzip in einer Zeit der Auseinandersetzung zwischen den auf ihre gentilizischen Traditionen bedachten Aristokraten und den

21

vorwärtsdrängenden Kräften der Polisdemokratie. Im „Gefesselten Prometheus" endlich manifestiert sich das wachsende Selbstbewußtsein des Polisbürgers auch gegenüber Zeus und der durch ihn verkörperten Weltordnung. Aischylos verstarb 456 in Gela (Sizilien/Großgriechenland), wo er bereits früher am Hofe des Tyrannen der Stadt Stücke aufgeführt hatte.

Sophokles, der klassischste unter den drei Klassikern, ist sein ganzes Leben mit der Polis Athen verbunden gewesen, die ihn nach seinem Tode als Heros (Halbgott) Dexion zu ehren wußte. Sohn eines bemittelten Waffenfabrikanten, gehörte er der athenischen Oberschicht zu und bekleidete hohe Staatsämter: 443/42 war er Schatzmeister des Attischen Seebundes, 441/40 an der Seite des Perikles Stratege im Krieg gegen das abgefallene Samos; 420 brachte er den Kult des Heilgottes Asklepios in Athen auf. Sophokles siegte vierundzwanzigmal im dramatischen Agon. Er führte den dritten Schauspieler für die Dramenaufführung ein und unterstrich damit die Handlung der Tragödie gegenüber der reflektierenden Funktion des Chores; die Komposition in Trilogien gab er weitgehend auf. Von hundertdreiundzwanzig dem Titel nach bekannten Tragödien des Sophokles sind durch antike Sammlungen sieben vollständig auf uns gekommen, die sämtlich Themen aus der Mythologie behandeln. Das älteste überlieferte Stück, der „Aias", redet von der Verblendung seines dem trojanischen Sagenkreis zugehörigen Helden; sie ist durch maßlosen Ehrgeiz bewirkt und hat ihn in eine Situation geführt, in welcher der Freitod als einziger Ausweg erscheint. Den Konflikt zwischen sittlicher Ordnung und Staatsräson behandelt die „Antigone"; wider das Gebot des Despoten Kreon hatte die Titelheldin den im Kampfe gegen die eigene Vaterstadt gefallenen Bruder bestattet. Zeitlich voran im selben thebanischen Sagenkreis geht der „König Ödipus", das klassische Beispiel tragischer Ironie: Unwissentlich hat Ödipus seinen Vater erschlagen und seine Mutter geheiratet; schuldlos in Schuld verstrickt, deckt er in unerbittlicher Wahrheitssuche diese seine Schuld auf, ohne Rücksicht darauf, daß er so in die unvermeidbare Katastrophe gerät, daß er unrettbar sich selbst zerstört. Gleich kompromißlos im Dienst für Wahrheit und Recht ist Elektra, die Titelgestalt eines Stückes aus dem trojanischen Sagenzyklus. Dem gleichen Umkreis gehört der „Philoktetes" zu, dem Heraklesmythus die „Trachinierinnen". Der erst nach Sophokles' Tode 401 aufgeführte „Ödipus auf Kolonos" heroisiert den schuldig gewordenen Thebanerkönig und wird zugleich zum Lobpreis Athens.

In einer Zeit, in der die überlieferten Vorstellungen zu wanken begannen, stand Sophokles fest auf dem Boden der Tradition und des zum Staatskult gewordenen Götterglaubens. Seine Wertvorstellungen gerieten teilweise in offenen Gegensatz zu dem sich anbahnenden Rationalismus der Sophistik. In den geistigen Auseinandersetzungen seiner Zeit hatte damit Sophokles eine konservative Position bezogen.

Auch Sokrates hatte sich, wie im einzelnen noch gezeigt werden wird, sehr gründlich mit der Sophistik auseinanderzusetzen, ja sein philosophisches Fragen entzündete sich ganz wesentlich an dem Auftreten und den Ambitionen der Sophisten. Zum dramatischen Verkünder des aufklärerischen Ideengutes aber wurde Euripides, der tragischste der Dichter, wie ihn Aristoteles genannt hat, der große Neuerer, der die gültigen Werte der Polis in Frage stellte und der darum von seiner Zeit nicht gewürdigt wurde, während er um so stärker auf die Nachwelt wirkte. Von seinen Stücken sind siebzehn, also weit mehr als von den übrigen Tragikern, auf uns gekommen. Politische Ämter hat Euripides offenbar nicht bekleidet, um so intensiver hat er mit den ihm eigenen Wirkungsmöglichkeiten an den Geisteskämpfen teilgenommen. Seine Stücke bedeuten eine weitgehende Absage an die Ethik der alten Adelsgesellschaft, ja ziehen sogar — etwa „Die Troerinnen" und „Iphigenie in Aulis" — den Heldentod in Zweifel. Aber auch die Polisdemokratie mit ihren Widersprüchen zwischen theoretischer und praktischer Ausübung der Staatsmacht, dem Demagogenunwesen und der ins Kraut schießenden Rhetorik bleibt nicht ohne Kritik. In dem Auf und Ab des Peloponnesischen Krieges tritt Euripides — zum Beispiel mit den bereits genannten „Troerinnen" sowie mit der „Hekabe", der „Andromache" und den „Bittflehenden" — nachdrücklich für den Frieden ein. Die Frauen, welche die athenische Gesellschaft auf Haus und Familie beschränkt und vom öffentlichen Leben ausgeschlossen hatte, weiß Euripides, in markanten Gestalten wie Alkestis, Medeia und anderen verkörpert, als selbständig und rational handelnde Wesen auf die Bühne zu stellen; die Sklaverei als Institution tastet er nicht an, aber unter den agierenden Sklaven stellt er Persönlichkeiten von hohen Charakterqualitäten vor. Der Mythus dient ihm lediglich zur Umkleidung; was er auf die Bühne stellen will, sind lebensechte Menschen, die ihr Schicksal in eigener Verantwortung gestalten. Daß Euripides nicht nur den führenden Sophisten, sondern auch Sokrates begegnet ist, darf bei der Begrenztheit der athenischen Verhältnisse mit hoher Wahrscheinlichkeit angenommen werden. Seine letzten Jahre verbrachte der in seiner Heimat Unverstandene in Pella (Makedonien) am Hofe des bedeutenden Königs Archelaos, der Makedonien aus seiner naturalwirtschaftlichen Isolierung und kulturellen Rückständigkeit herauszuführen suchte.

Nicht minder engagiert als Euripides, wiewohl er in vielem konservativere Positionen einnahm, war sein jüngerer Zeitgenosse Aristophanes, der bedeutendste Repräsentant der sogenannten Alten Komödie, die im Gegensatz zu der Mittleren und vor allem zu der Neuen Komödie Menanders nicht das Individualschicksal zum Thema hat, sondern als politisches Theater im besten Sinne politische Erziehung der Polisbürgerschaft leistete. Mutig und entschieden setzte sich der Interessenvertreter der attischen Landbevölkerung inmitten der Kriegszeit für den Frieden ein. Von mehr als vierzig bekannten Stücken des Aristophanes sind elf vollständig auf uns gekommen. Die ,,Acharner" von 425 propagierten im sechsten Kriegsjahr das ungetrübte Landleben am Vorbild des Bauern Dikaiopolis, der mit den Feinden seinen Separatfrieden geschlossen hatte. Die ,,Ritter" von 424 forderten die Entmachtung der Kriegstreiber und die Wiederherstellung des Friedens. Der ,,Frieden", 421 uraufgeführt, nahm sehnsuchtsvoll den bevorstehenden — ersten — Friedensschluß des Peloponnesischen Krieges vorweg. Nach der Wiederaufnahme des Kampfes stellte die ,,Lysistrate" den Ehestreik der Kriegerfrauen dar, die dadurch die Wiederherstellung des Friedens erzwangen. Sozialutopischen Charakter tragen die ,,Vögel" und ,,Plutos" (,,Der Reichtum"). Mit dem Neuerer Euripides und seiner Thematik setzten sich die ,,Thesmophoriazusen" (,,Die Frauen beim Thesmophorienfeste"), die ,,Frösche" und die ,,Ekklesiazusen" (,,Das Frauenparlament") auseinander. Um Sokrates geht es in den ,,Wolken"

Aber nicht nur das Drama, auch die Geschichtsschreibung kam im 5. Jahrhundert zur vollen Entfaltung. Herodot, aus dem kleinasiatischen Halikarnassos gebürtig und darum nicht im

Chorszene. Bauchamphora

attischen, sondern im ionischen Dialekt schreibend, nahm nach
ausgedehnten Reisen durch weite Teile der damals bekannten
Welt in den vierziger Jahren seinen Wohnsitz in Athen, wo er
sich mit Perikles und Sophokles anfreundete. Hier schrieb er
sein unter welthistorischem Aspekt konzipiertes Geschichts-
werk, das in dem Sieg der Hellenen über die Perser gipfelte, den
Herodot als Sieg der hellenischen Freiheit über den orientalischen Despotismus verstand. Besondere Aufmerksamkeit
schenkt der „Vater der Geschichte", als den ihn später Cicero
apostrophierte, der Geographie, der Ethnographie und der
Kulturgeschichte. Als wesentliche geschichtsbildende Kraft
glaubte Herodot, in religiösen Vorstellungen befangen, den Neid
der Götter erkennen zu können; im übrigen sah er das ge-
schichtliche Handeln der Menschen durch persönliche Motive
bestimmt. Über diese Konzeption führte Thukydides, der
Geschichtsschreiber des Peloponnesischen Krieges, weit hinaus.
Nach inneren Ursachen, darunter auch nach ökonomischen
Faktoren, und äußeren Anlässen fragend, vor allem aber aus
dem Wirken der menschlichen Natur suchte der reiche Ab-

kömmling einer Adelsfamilie, der selber als Feldherr ohne Fortüne am Peloponnesischen Krieg teilgenommen hatte, diese fast dreißig Jahre währende Auseinandersetzung zwischen dem demokratischen Athen und dem aristokratischen Sparta zu begreifen. Die von Thukydides dem Perikles in den Mund gelegte, in dieser Form sicher unhistorische Rede auf die im ersten Kriegswinter 431/30 gefallenen Verteidiger Athens wurde zum unvergänglichen Lobpreis der athenischen Demokratie sowie ihrer unvergänglichen Kulturleistungen.

Das kulturpolitische Programm des Perikles, das in den Tributzahlungen der Mitglieder des Attischen Seebundes seine materielle Grundlage fand, gipfelte in dem Ausbau der Akropolis als dem zentralen Heiligtum der Stadt Athen, das unter Leitung des Pheidias nach der Zerstörung in den Perserkriegen neu erstand. Wenn der Besucher den steilen Felsenhügel erstiegen hatte, durchschritt er, den Tempel der Nike, der siegreichen Athene, zur Rechten lassend, das Festtor der Propyläen. Von hier führte der Prozessionsweg zum Parthenon, dem Marmortempel der jungfräulichen (Parthenos) Athene, einem riesigen Schatzhaus, das in seinem westlichen Teil den Schatz der Göttin und in seinem östlichen deren Goldelfenbeinstatue barg, die Pheidias selbst geschaffen hatte. Der Skulpturenschmuck des Baues zeigte Darstellungen aus dem Mythus. Dem Parthenon gegenüber in Richtung auf den Nordabhang des Akropolishügels entstand das Erechtheion, benannt nach dem sagenhaften athenischen König Erechtheus, der den Kult der Athene in seiner Stadt heimisch gemacht haben soll; der zierliche Bau mit seinen sechs Mädchensäulen in der Vorhalle (Korenhalle) diente Athene und dem gleichermaßen mit Attika verbundenen Meergott Poseidon gemeinsam.

Pheidias, der Freund des Perikles, mit dem er die Anfeindungen der reaktionären Gruppierungen teilte, hat nicht nur für Athen gearbeitet, sondern überdies für den Zeustempel in Olympia das Kultbild des thronenden Gottes geschaffen, das zu den gefeiertsten Kunstwerken des Altertums gehörte; nicht anders als die Dichter folgten auch die bildenden Künstler, die der eigenen Zeit übrigens lediglich als Handwerker galten, verschiedensten Auftraggebern. So arbeitete Myron aus dem attischen Eleutherai unter anderem für Athen, Olympia und Delphi; auf ihn geht das geschmeidige Erzbild eines Diskuswerfers (Diskobolos) zurück. Der auch von Sokrates bewunderte Polykleitos

Diskuswerfer des Myron. Rom, Nationalmuseum

stammte aus dem nordöstlichen Peloponnes und arbeitete für Athen, Argos, Olympia und Ephesos; er ist der Schöpfer des Idealbildes eines schreitenden Speerträgers (Doryphoros) sowie der Statue eines Jünglings, der die Siegerbinde um den Kopf legt (Diadumenos). Im übrigen zeigt eine Fülle von Grabdenkmälern, die zum Teil mit großer Fertigkeit gearbeitet sind, daß die Bildhauerkunst sowohl im öffentlichen wie im privaten Dienste stand. Auch die Malerei erlebte eine Blütezeit, von der wir freilich nur indirekte Zeugnisse besitzen, und auch Sokrates besaß, wie wir noch hören werden, persönliche Verbindungen zu zeitgenössischen Malern. Polygnotos stammte von der Insel Thasos und wirkte in der ersten Hälfte des 5. Jahrhunderts in Athen, dessen Bürgerrecht ihm um seiner Verdienste willen verliehen wurde; seine Gemälde schmückten die Stoa poikile („Bunte Halle") und das sogenannte Theseion. Unmittelbare Zeitgenossen des Sokrates waren Zeuxis und Parrhasios. Der erstgenannte stammte aus Herakleia in Unteritalien und wußte die perspektivische Darstellung weiterzuentwickeln, die sein Lehrer Apollodoros herausgebildet hatte; auch der aus Ephesos (Kleinasien) gebürtige Parrhasios lebte in Athen und wurde wegen der dramatischen Wirkung, welche seine mythologischen Darstellungen erreichten, sowie wegen seiner Fähigkeit, Charaktere und psychische Eigenschaften zu erfassen, gerühmt. Die in der großen Kunst wirksamen Tendenzen schlugen sich natürlich auch in der attischen Vasenmalerei nieder. Die Münzen endlich, welche die Polis Athen in jener Zeit prägte, zeigten auf der Vorderseite den Kopf der Stadtgöttin Athene, auf der Rückseite die ihr heilige Eule. Das Sprichwort „Eulen nach Athen tragen" geht auf diese Münzen zurück.

Mit dem Hinweis auf Athene ist ein weiterer wesentlicher Lebensbereich betreten, nämlich der der Religion. Auch hier hatte das 5. Jahrhundert entscheidende Wendungen gebracht. Vor allem bei Aischylos, aber auch noch bei Sophokles fand sich die alte Religiosität im wesentlichen ungebrochen reflektiert, und die mehrfach überlieferten Religionsprozesse — auch der Prozeß des Sokrates — beweisen, daß der Appell an religiöse Vorstellungen und Vorurteile wirkungsvoll geblieben war. Der Staatskult folgte den überkommenen Bahnen, doch machte gerade die Perikleische Bautätigkeit augenfällig, wie stark hierbei die Götterverehrung gegenüber der Staatspropaganda in den Hintergrund trat. Im übrigen aber erwies sich die Polisdemokratie als fruchtbarer Nährboden für den Durchbruch des Menschen zur Mündigkeit und Selbstbestimmung. „Nichts ist gewaltiger als der Mensch", ließ der Klassiker Sophokles den Chor seines Antigone-Dramas aussagen, und daß der Mensch das Maß aller Dinge sei, formulierte programmatisch der Sophist Protagoras seinen Homo-mensura-Satz.

In ebendieser sophistischen Bewegung fand jenes Emanzipationsstreben die theoretischen Grundlagen und die organisierte

Form. Als „Weisheitslehrer" wollten die Sophisten gegen entsprechendes Entgelt Führer zu praktischer Lebenstüchtigkeit sein, Anleitung zu persönlichem Erfolg in den Mechanismen der Polisdemokratie vermitteln. Dazu bedurfte es einerseits des Nachdenkens über das Wesen und Werden von Staat und Gesellschaft und zum andern der Entwicklung einer anwendbaren Kunst der Mitteilung und Rede; beide Aufgaben haben die Sophisten gemeistert. Daß ihre Lehren auch für Relativismus, Subjektivismus und Amoral die Wege ebneten, haben die Gegner — und darunter auch Sokrates — in ihrer Polemik nachdrücklich hervorgehoben; doch ändert das nichts an den Verdiensten dieser griechischen Aufklärung, als welche man die Sophistik gelegentlich bezeichnet hat. Daß im übrigen die sophistischen Konzeptionen nur einen Bruchteil der athenischen Bürger erreichten, demonstriert die gleichzeitige Ausbreitung der auf den mythischen Orpheus und auf den mythischen Pythagoras sich zurückführenden religiösen Strömungen, demonstriert das Anwachsen des Heroenkultes sowie die Aufnahme fremder Götter wie der kleinasiatischen Kybele, der Großen Mutter, in den Staatskult, demonstriert der weitverbreitete Glaube an Vorzeichen und Orakel, demonstriert nicht zum geringsten das Auftreten des Sokrates.

Ehe wir jedoch zu diesem, unserem eigentlichen Thema übergehen können, ist es zunächst notwendig, den Geschichtsablauf bis zur Wende vom 5. zum 4. Jahrhundert weiterzuverfolgen.

431 war es zu offenen Kampfhandlungen zwischen Athen und Sparta sowie den unter der Hegemonie dieser beiden Poleis stehenden Staatengruppierungen gekommen. Der damit entfachte Peloponnesische Krieg, in dem sich die Krise des griechischen Polissystems jedermann sichtbar kundgab, dauerte mit mehreren Unterbrechungen bis zum Jahre 404. Er wurde ausgelöst durch politische und militärische Aktionen Athens, die sich gegen Korinth richteten, das daraufhin von Sparta die Kriegserklärung forderte; dieses zögerte zunächst, da es einen Aufstand der Heloten fürchtete, griff dann aber an. Sein Plan war, die Überlegenheit zu Lande auszunutzen und durch immer neue Verwüstungen (Abholzen der Ölbäume zum Beispiel) in Attika den Gegner zu zermürben. Athen dagegen evakuierte seine Landbevölkerung hinter die Festungsmauern und orientierte sich, auf die Überlegenheit seiner Flotte bauend, auf einen See- und Handelskrieg, sperrte die Häfen des Peloponnes und

verheerte die Küstengebiete. Da brach im zweiten Kriegsjahr unter den zusammengepferchten Menschen eine Seuche aus, der 429 auch Perikles zum Opfer fiel. Eine Schwächung der Kampfkraft Athens war die notwendige Folge, als heftige innerpolitische Auseinandersetzungen entbrannten zwischen der Friedenspartei der Landbevölkerung, die der Bergwerksbesitzer Nikias anführte, und der radikalen Kriegspartei des Gerbereibesitzers Kleon, welche die Interessen der Kaufleute und Manufakturherren und der Teile der Stadtbevölkerung vertrat, denen die Ausbeutung anderer Staaten Vorteile brachte. Die Kriegspartei behielt die Oberhand und erhöhte die Tribute der Bündner auf das Dreifache; dennoch gelang es den Spartanern, in dem als Rohstoffquelle wichtigen Thrakien Erfolge zu erringen, während die mit ihnen verbündeten Böotier in der Schlacht bei Delion dank der von ihnen entwickelten schiefen Schlachtordnung den Athenern eine schwere Niederlage beibrachten. Sokrates gehörte zu den Kämpfern und verlor auch in der Verwirrung, wie wir noch hören werden, seine Besonnenheit nicht. Nach einer weiteren Niederlage bei Amphipolis (422), bei der Kleon den Tod fand, vermochte sich die Friedenspartei durchzusetzen; im Nikiasfrieden wurde der Status quo ante wiederhergestellt.

Die beiden Hegemonialmächte nutzten die Einstellung der Kampfhandlungen dazu, ihre Bünde zu stärken. Durch einen Sieg bei Mantineia 418 konnte Sparta seinen Führungsanspruch wiederherstellen; die Athener besetzten 416 die neutrale Insel Melos und versuchten, Sizilien und insbesondere die mit Korinth verbündete reiche Handelsstadt Syrakus in ihren Machtbereich einzubeziehen. Auf Betreiben des gleichermaßen ehrgeizigen wie skrupellosen Alkibiades, der beim Anlaufen der Aktion, wegen Religionsfrevels angeklagt, zu Sparta übertrat, wurde 415 ein Expeditionsheer nach Syrakus eingeschifft; da man den feindlichen Widerstand und insbesondere die Hilfe Spartas unterschätzt hatte, endete das Unternehmen nach zwei Jahren in der Katastrophe; Athens Flotte wurde vernichtet, sein Heer aufgerieben.

Die letzte Phase des Peloponnesischen Krieges (413—404) wird als Dekeleischer Krieg bezeichnet nach dem nur zwanzig Kilometer von Athen entfernten Demos Dekeleia, den die Spartaner auf Anraten des Alkibiades besetzten, um die attischen Öl- und Weinkulturen schwerstens schädigen und die Hauptstadt militärisch in Schach halten zu können. Zuvor schon hatten sie sich der Finanzhilfe des persischen Großkönigs versichert und dafür die kleinasiatischen Griechenstädte preisgegeben, um deren Freiheit in den Perserkriegen am Anfang des Jahrhunderts so heftig gerungen worden war. Diese Subsidien ermöglichten es Sparta, eine Kriegsflotte aufzubauen, die der athenischen ebenbürtig war. So vermochte es Athen nicht zu verhindern, daß immer mehr Bündner von ihm abfielen, ja für kurze Zeit konnte 411 sogar in der Stadt selbst eine Oligarchie errichtet werden, die mit Sparta konspirierte. Dennoch war die athenische Flotte noch mehrfach gegenüber Sparta erfolgreich, bis ihr 405 Lysander bei Aigospotamoi (in der Nähe der Dardanellen) die entscheidende Niederlage zufügte. Nach neunmonatiger Belagerung von der Land- und von der Seeseite her mußte Athen kapitulieren und sich in die harten Friedensbedingungen des Siegers fügen: Aufnahme einer spartanischen Besatzung, Auflösung des Seebundes, Auslieferung der Flotte bis auf zwölf Schiffe, Schleifung der Mauern, Aufgabe der auswärtigen Besitzungen, Rückberufung der verbannten Oligarchen, Beitritt zum Peloponnesischen Bund. Die athenische Hegemonie war endgültig dahin, aber auch der spartanische Sieg hatte nur durch Konzessionen an den Perserkönig errungen werden können, der von nun an durch seine dauernden Interventionen die griechische Politik bestimmte.

Es folgte das Terrorregime der bereits im Altertum so genannten Dreißig Tyrannen, einer von Sparta inthronisierten Oligarchenclique, zu der neben anderen Platons Onkel Kritias gehörte. Sie ließen an die tausendfünfhundert politische Gegner enteignen und hinrichten. Bald schon kam es jedoch innerhalb der Dreißig zu Auseinandersetzungen, welche die Demokraten, die in anderen Poleis hatten Zuflucht nehmen müssen, ausnutzten; unter Leitung des Thrasybulos vermochten sie 403 die demokratische Ordnung wiederherzustellen. Wie vorher wurden nunmehr, nachdem die alte Verfassung aufs neue in Kraft gesetzt worden war, die meisten Staatsfunktionäre durch das Los bestimmt, und nur die militärische Führung, die obersten Finanzbeamten und die Verantwortlichen für die Wasserversorgung wurden gewählt. Zwar verkündete man eine allgemeine Amnestie, die zurückliegenden Erschütterungen waren indes zu tiefgreifend gewesen, um keine Nachwirkungen zu hinterlassen, von denen beispielsweise die Gerichtsreden des Lysias einen

Eindruck vermitteln. Wegen der Ausschreitungen zur Zeit der Oligarchenherrschaft blieben die Angehörigen der Aristokratie mit Notwendigkeit den demokratischen Kräften suspekt, und da mehrere der Dreißig Männer von philosophischer Bildung waren, konnte es nicht ausbleiben, daß vielen Philosophie und politische Reaktion als zusammengehörig erschienen. Die Anfeindungen gegen Sokrates und sein schließlicher Prozeß, der das Todesurteil herbeiführte, haben in solchen Ressentiments ihre Wurzeln.

Zu den politischen Krisenzeichen in der Polis Athen traten die ökonomischen. Der lange Krieg hatte die attischen Bauern schwer geschädigt und weithin verarmt. Der Ackerboden war vernachlässigt, Ölbäume und Weinstöcke vernichtet, Arbeitsfreude und Arbeitsproduktivität tief abgesunken, Handel und Verkehr stockten, und entsprechend fiel die Nachfrage nach den Erzeugnissen des Handwerks ab. Zwar vermochte sich in der Folgezeit das Wirtschaftsleben ziemlich rasch wieder zu erholen, aber dadurch wurde die Krise nicht behoben, sondern nur eher noch verschärft, scheiterte doch jede Weiterentwick-

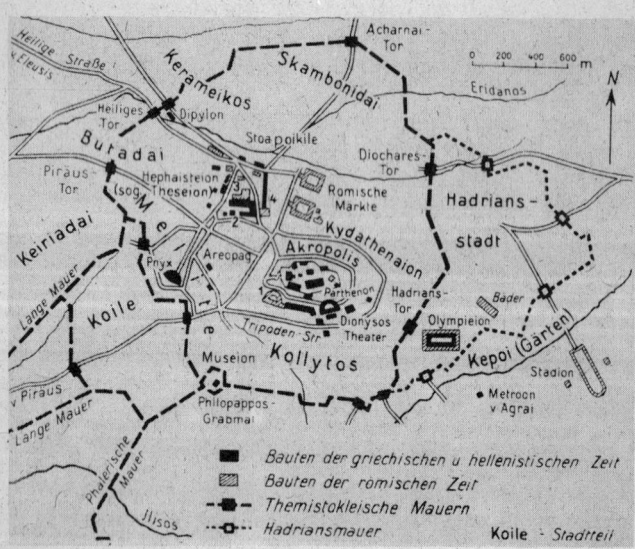

Stadtplan von Athen

lung an den Grenzen, welche die klassische Polis sich selbst gezogen hatte. So steht Sokrates an einem historischen Scheidewege und markiert sein Tod sichtbar eine Zeitwende, in der Athens große Epoche zu Ende ging und zugleich sich eine neue Epoche anbahnte, welche die Polis mit ihren Beschränkungen überwinden, Griechenland unter makedonischer Führung einigen und unter dieser Hegemonie Elemente der antiken Produktionsweise und mit ihr die hellenische Kultur über weite Teile des Orbis terrarum tragen sollte. Wir erfassen diese neue Epoche unter der Bezeichnung Hellenismus.

Griechenlands höchste innere Blüte fällt in die Zeit des Perikles, seine höchste äußere in die Zeit Alexanders. Zur Zeit des Perikles hatten Sophisten, Sokrates, welchen man die inkorporierte Philosophie nennen kann, Kunst und Rhetorik die Religion verdrängt. Die Zeit des Alexander war die Zeit des Aristoteles, der die Ewigkeit des „individuellen Geistes“ und den Gott der positiven Religionen verwarf... Wenn mit dem Untergang der alten Staaten die Religionen der alten Staaten verschwinden, so bedarf das keiner weiteren Explikation, denn die „wahre Religion“ der Alten war der Kultus „ihrer Nationalität“, ihres „Staates“. Nicht der Untergang der alten Religionen stürzte die alten Staaten, sondern der Untergang der alten Staaten stürzte die alten Religionen.

Karl Marx

Sokrates' Herkunft, Auferziehung und Bildung

Das Geburtsjahr des Sokrates ist nicht überliefert, sondern kann nur erschlossen werden. In der Verteidigungsrede vor seinen Richtern, die er im Jahre 399 hielt, erinnerte der Philosoph daran, daß er, ein Siebzigjähriger, zum ersten Male vor ein Gericht trat (Platon, Apologie 17 D); von da aus ist schon im Altertum sein Geburtsjahr auf das dritte Jahr der 77. Olympiade, das heißt auf das Jahr 470/69 v. u. Z., errechnet worden. Dabei sind Differenzen um ein bis zwei Jahre durchaus möglich, da ja die Aussage der Gerichtsrede von 399 nicht als exakte Altersangabe gewertet werden darf; jedenfalls wäre es müßig, von dieser Grundlage her gar Geburtsmonat und Geburtstag bestimmen zu wollen. Fest steht dagegen durch diese Datierung, daß Sokrates um mehr als eine Generation jünger war als die Kämpfer der Perserkriege; Perikles und Euripides gingen ihm altersmäßig um rund zwei Jahrzehnte, die bedeutendsten sophistischen Redelehrer Gorgias und Protagoras um rund ein Jahrzehnt voran, dagegen war Demokrit von Abdera, in dessen Leistung das materialistische und naturwissenschaftliche Denken des Altertums einen Gipfelpunkt erreichte, um ein Dezennium jünger als Sokrates, den er um fast zwei Jahrzehnte überdauerte. Sokrates stand in den Mannesjahren, als Athen sein Perikleisches Zeitalter erlebte; der langdauernde Peloponnesische Krieg sah ihn altern und als Greis wurde der Weise Zeuge des Niedergangs seiner Vaterstadt.

Der Name Sokrates (der etwa soviel wie Beschützer bedeutet) war im 6. und 5. Jahrhundert in weiten Teilen Griechenlands häufig anzutreffen; vielfältig belegen ihn Inschriften auf Steinen und Gefäßen. In der Folgezeit wurde er seltener, während er später in der römischen Kaiserzeit noch einmal geradezu als Modename angesprochen werden kann (am bekanntesten ist der Kirchenhistoriker Sokrates Scholastikos an der Wende vom 4. zum 5. Jahrhundert). Dagegen ist der Name von Sokrates' Vater, Sophroniskos („der Kluge"), nur einige wenige Male belegt, und dasselbe gilt auch für den Namen der Mutter, Phainarete („die strahlende Tugend"). Sophroniskos war ein

Steinmetz, ein Marmorarbeiter, wie man sie zur Gewinnung des wertvollen Werkstoffes in den Steinbrüchen am Hymettos, östlich nahe bei Athen gelegen, und am Pentelikon, etwa fünfzehn Kilometer nordöstlich der Stadt, ebenso benötigte wie bei der Weiterverarbeitung des Steins für Architektur- und Bildwerke. Sokrates, der denselben Beruf betrieb wie sein Vater, hat darum Daidalos, den gleichfalls aus Attika stammenden mythischen Baumeister, der für den Kreterkönig Minos das Labyrinth errichtete, als seinen Vorfahren bezeichnet (Platon, Euthyphron 11 C; Alkibiades I 121 A). Dessenungeachtet dürfte seine und seines Vaters Tätigkeit stärker handwerklichen als künstlerischen Charakter getragen haben, wobei freilich zu berücksichtigen ist, daß das griechische Altertum eine jede Tätigkeit, die Handarbeit erforderte, als banausisch abwertete und zwischen handwerklichem und künstlerischem Wirken nicht differenzierte. Daß Sophroniskos Freigeborner war, steht außer jedem Zweifel; ebenso gewiß ist aber auch, daß er nicht zu den Begüterten gehörte, was den ständigen oder vorübergehenden Besitz eines oder zweier Sklaven zur Mitarbeit in Haus und Werkstatt nicht auszuschließen braucht.

Mehr als über Sokrates' Vater ist uns über seine Mutter, Phainarete, überliefert. Sie war eine gebürtige Athenerin und in erster Ehe mit Chairedemos verheiratet gewesen. Dessen Beruf kennen wir nicht, dagegen wissen wir, daß er aus dem Demos Alopeke stammte. Durch die Verwaltungsreform des Kleisthenes vom Jahre 508, welche dazu beigetragen hatte, den alten Gentiladel zu entmachten und die Bahn für die sich entfaltende Sklavenhalterdemokratie freizugeben, war ganz Attika in etwa hundert Demen aufgeteilt worden, die man je nach Lage als Dorfgemeinden bzw. Stadtbezirke bezeichnen könnte; das Demotikon, die Angabe des Heimatdemos, gehörte zur Namensbezeichnung eines jeden athenischen Bürgers. Der Demos Alopeke lag außerhalb der Stadt etwa beim heutigen Vorort Ambelokipi („Weingärten") an der Straße zum Pentelikon und seinen Marmorbrüchen. Er besaß ein Heiligtum der Liebesgöttin Aphrodite und wurde dank seiner Lage von zahlreichen Steinmetzen bewohnt. Chairedemos und Phainarete hatten einen Sohn Patrokles; dieser Halbbruder des Sokrates ist sehr wahrscheinlich mit dem inschriftlich erwähnten Athlotheten des Jahres 406/05 identisch. Die zehn Mitglieder des Kollegiums der Athlotheten („Wettkampfordner"), das

Herrin mit zwei Dienerinnen. Attisches Gefäß

jeweils vier Jahre amtierte, besorgten die Vorbereitung und
Leitung des zu Ehren der Stadtgöttin Athene alle vier Jahre
abgehaltenen Panathenäenfestes, zu dem musische und sport-
liche Wettkämpfe und ein großer Festzug gehörten.
Wir wissen nicht, ob Phainarete Witwe wurde oder ob sie sich,
was weniger wahrscheinlich ist, von Chairedemos scheiden ließ
(Ehescheidung war nach griechischem Recht grundsätzlich
möglich); jedenfalls heiratete sie in zweiter Ehe den Sophroniskos, der gleichfalls aus Alopeke stammte. Aus dieser Ehe
scheint lediglich Sokrates hervorgegangen zu sein. Phainarete
übte den Beruf einer Hebamme aus und genoß darin Ansehen.
Möglich wurde ihr diese Tätigkeit freilich erst in vorgerücktem

Alter, da nach athenischer Gepflogenheit nur solche Frauen, die selber keine Kinder mehr gebaren, als Hebammen arbeiten konnten. Der Beruf umfaßte neben der Geburtshilfe auch gynäkologische Eingriffe, Verabreichung von Arzneien sowie magische Prozeduren und wurde dem des Arztes gleichgeachtet. Die gelehrte Überlieferung des Altertums hat wegen des Berufes seiner Mutter den Geburtstag des Sokrates auf den 6. Thargelion festgesetzt, den Geburtstag der Artemis Eileithyia, der Göttin der Geburtswehen; Sokrates selber hat gelegentlich davon gesprochen, daß er die von seiner Mutter

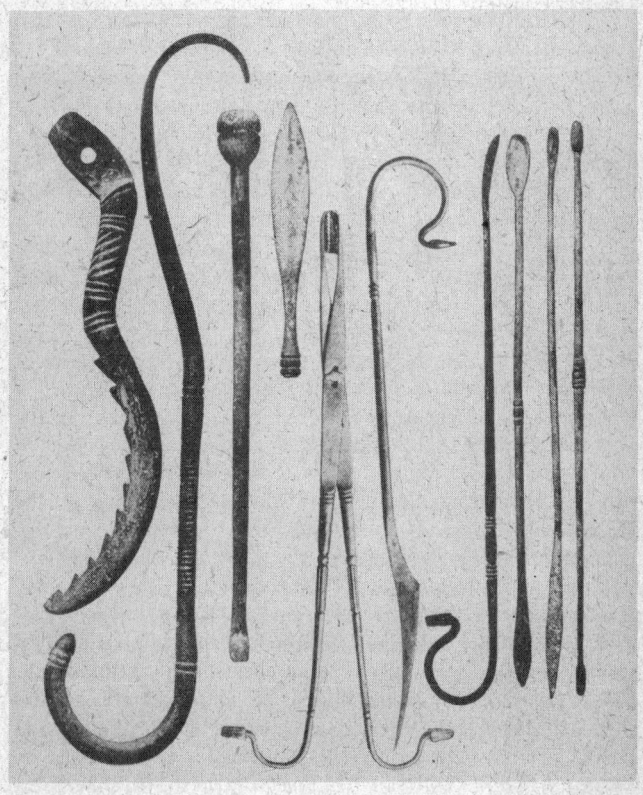

Geburtshilfliche Instrumente

geübte Hebammenkunst auf die dialektische Methode übertragen habe, deren er sich im Umgang mit seinen Gesprächspartnern bediente.

Zu den bekanntesten Bürgern des Demos Alopeke hatte
Aristeides gehört, der Repräsentant der konservativen Politik
während der Perserkriege, dessen Namen in der späteren Überlieferung zum Symbol für Redlichkeit, Gerechtigkeit und
Unbestechlichkeit geworden ist. Aristeides hatte als Stratege
an der Schlacht bei Marathon teilgenommen und sich in der
Folgezeit in Einklang mit den Interessen der reichen Grundbesitzer, die er vertrat, der Flottenbaupolitik des Themistokles
widersetzt; darum mußte er 482 in die Verbannung gehen.
Amnestiert, kämpfte er bei Salamis mit, gehörte er zu den
athenischen Befehlshabern in der Schlacht von Plataiai, ja
wurde er einer der Gründer und Gestalter des Attischen
Seebundes. Die letzten Lebensjahre verbrachte er in Zurückgezogenheit; wenig nachdem Sokrates geboren war, verstarb er.
Aristeides' Sohn Lysimachos war mit Sokrates' Vater Sophroniskos befreundet. Auf Beschluß der athenischen Volksversammlung war Lysimachos, um seinen Vater zu ehren, eine
beträchtliche Dotation auf der Insel Euböa zuteil geworden;
trotzdem scheint Platon das Richtige getroffen zu haben, wenn
er in Lysimachos lediglich den unbedeutenden Sohn eines verdienstvollen Vaters erkannte. In unserm Zusammenhang bleibt
jedoch die Feststellung wichtig, daß bereits Sokrates' Vater
ungeachtet seiner untergeordneten eigenen gesellschaftlichen
Position Beziehungen zu dem alten athenischen Adel unterhielt.
Was speziell die Familie des Aristeides anlangt, so gehörte einer
von Lysimachos' Söhnen, der wie der Großvater Aristeides
hieß, zu Sokrates' Schülern. Ins Reich der Fabel ist dagegen die
Nachricht zu verweisen, daß die Tochter Myrto des letztgenannten Aristeides Sokrates' zweite Frau oder Nebenfrau
gewesen sei; so abgeschmackt die Geschichte auch sein mag,
beweist sie doch, daß die nachklassische antike Philosophiegeschichtsschreibung Sokrates aristokratische Bindungen zuschrieb.

Der Knabe Sokrates dürfte, wie das bei den Abkömmlingen der
freien Bürger Athens seit dem 6. Jahrhundert das übliche war,
bei einem Privatlehrer Unterricht in den Elementarfächern, im
Lesen, Schreiben und den Anfangsgründen des Rechnens, erhalten haben; gründliche Beschäftigung mit dem Rechnen,

soweit dieses praktisch verwendbar, hat er denn auch später seinen Schülern anempfohlen (Xenophon, Erinnerungen 4,7,8). Zu den Grundlagen der Bildung gehörten weiter Gymnastik und Musik, und auch diese Fächer wurden, weil es ein öffentliches Schulwesen nicht gab, privatim erteilt. Da Bücher unerschwinglich teuer waren, spielte das Auswendiglernen eine große Rolle, und man darf als sicher annehmen, daß sich Sokrates in den Gedichten Homers und Hesiods gut ausgekannt hat; wie Xenophon (Erinnerungen 1,2,57f.; 1,3,3; 2,6,11; 3,1,4; 3,2,1f.; 4,6,15) berichtet, hat er aus beiden Autoren gern zitiert. Sokrates' Bildung beschränkte sich jedoch nicht auf die Elemente. Er stand in den Jünglingsjahren, als sich, gefördert durch die zielbewußte Kulturpolitik des Perikles, Vertreter der ionischen Naturwissenschaft und Naturphilosophie in Athen niederließen, ihre Erkenntnisse bekanntmachten und daraus Schlüsse für Weltbild und Weltanschauung zogen.

Aus der ionischen Küstenstadt Klazomenai, die durch ihre keramische Produktion bekannt war, hatte Anaxagoras, rund dreißig Jahre älter als Sokrates, 460 den Weg nach Athen gefunden, wo er die nächsten Jahrzehnte verbrachte. Bald fand er engeren Kontakt zu Perikles, der an seinen Forschungen und Hypothesen Interesse gewann und seinerseits nicht unbeeinflußt von dem ionischen Freigeist blieb. Die konservativen Kreise Athens, darunter besonders der alte Adel, die auch politisch zu Perikles in verhüllter Opposition standen, beobachteten Anaxagoras mit mißtrauischer Aufmerksamkeit. Zwar suchte dieser seine Lehre von der Sonne als einem durchglühten Steinklumpen und dem Mond als einer Art Erde sowie die darauf gegründete, der Wirklichkeit nahekommende Theorie von den Verfinsterungen, so gut es ging, geheimzuhalten; gegenüber dem athenischen Wunderglauben jedoch, dem, wie wir noch sehen werden, auch Sokrates anhing, konnte er nicht stillbleiben. So hatte der Seher Lampon, der auch bei anderen Gelegenheiten auf die Politik seiner Heimatstadt einwirkte, 444 dem Perikles aus einem einhörnigen Widder, der auf seinem Landgut geboren worden war, prophezeit, daß ihm die Staatsgewalt ungeteilt zufallen werde, und der Umstand, daß im Jahre darauf Perikles' Rivale Thukydides, der Schwiegersohn des Kimon (mit dem Historiker Thukydides hat er nichts zu tun), durch Scherbengericht verbannt wurde, verschaffte Lampon und seinem Spruch hohes Ansehen. Anaxagoras dagegen erklärte das vermeintliche Wunderzeichen anatomisch aus Veränderungen der Hirnmasse des Widders. Das rief naturgemäß seine Feinde auf den Plan, die schließlich zum offenen juristischen Angriff auf Anaxagoras übergingen. Spätestens im ersten Jahr des Peloponnesischen Krieges wurde Anaxagoras unter öffentliche Anklage gestellt, und wir wissen aus Komödien des Aristophanes, wie leicht das berüchtigte „gesunde Volksempfinden" gegen Aufklärer von der Art unseres Philosophen aufgeputscht werden konnte, die dem manipulierten Pöbel im schlimmsten Falle als staatsgefährliche Atheisten, zumindest aber als brotlose Spintisierer galten. Anaxagoras war klug genug, sich einem Schauprozeß, dessen Ausgang abzusehen war, durch die Flucht zu entziehen. Wir werden in anderem Zusammenhang noch darauf zurückkommen.

Daß eine so markante Persönlichkeit auf den heranwachsenden Sokrates hätte ohne Einfluß bleiben können, ist von vornherein unwahrscheinlich; doch mehr als das: Wir besitzen unmittelbare Zeugnisse für eine solche Wirkung. Früher noch als sein Lehrer Anaxagoras war nämlich dessen Schüler Archelaos aus der 494 von den Persern zerstörten kleinasiatischen Hafenstadt Milet nach Athen gekommen (das nach anderer Überlieferung seine Heimatstadt war). In seiner Lehre, von der nur ein einziges wörtliches Zitat in einem ausführlichen Referat des römischen Kirchenvaters Hippolytos (gestorben 253) überliefert ist, finden sich, wie naturgemäß, Gedanken des Anaxagoras teils vereinfacht, teils weitergeführt. Er gehörte zum Kreise des 448 verstorbenen Staatsmannes Kimon, den er poetisch verherrlichte. Um ebendiese Zeit scheint Sokrates Archelaos' Vorträge gehört zu haben. Das Verhältnis der beiden Männer war offenbar recht freundschaftlich, so daß es von späteren Autoren in einen homoerotischen Liebesbund umgemünzt wurde. Ein solches Verhältnis hätte übrigens keinerlei Makel bedeutet; denn die Päderastie, die mit starken ethischen Inhalten verknüpfte Liebe zwischen einem reifen Mann und einem reifenden Jüngling, bildete ein gewichtiges Element der archaischen und klassischen Kultur der Griechen. Als dann Anaxagoras selbst nach Athen kam, trat Archelaos' Wirken hinter dem des Meisters zurück. Sokrates aber hat sich immer wieder mit den naturphilosophischen Lehren auseinandergesetzt.

Die Überlieferung nennt noch andere Lehrer des Sokrates: die hochgebildete Hetäre Aspasia, die spätere Gemahlin des Perikles, die sich für die Emanzipation und volle Entfaltung der Frauen einsetzte; den Musiklehrer Konnos und seinen Kollegen Damon, einen bedeutenden Theoretiker übrigens, der, Berater des Perikles, die Musik in den Dienst der politischen Jugenderziehung zu stellen bemüht war; den Sophisten Prodikos, mit dem Sokrates augenscheinlich freundschaftliche Beziehungen verbanden. Aber alle diese Aussagen lassen sich leicht als spätere Kombinationen widerlegen.

Sokrates' Familie gehörte, wie wir feststellten, nicht zur begüterten Oberschicht Athens. Der junge Sokrates erlernte daher bei seinem Vater dessen Handwerk und wird dieses auch sein Leben lang ausgeübt haben. Es vermittelte ihm nicht nur manuelles Können, sondern zusammen mit diesem Kunstsinn und Geschmack. Spätere Überlieferung wollte dem Sokrates eine Gruppe bekleideter Grazien zuschreiben, welche den Aufgang zur Akropolis geschmückt habe; erweisen läßt sich das freilich nicht, ebensowenig wie man diese Tradition von vornherein verwerfen sollte. Als sicher darf dagegen gelten, daß der Bildhauer Sokrates ebenso mit athenischem Bürgerstolz wie mit künstlerischem Sachverständnis den Ausbau und die Ausgestaltung der Akropolis (Errichtung des Parthenons 447–438, der Propyläen 437–432, des Niketempels nach 432, des Erechtheions 420–408) verfolgte.

Doch nicht der Bau- und Bildhauerkunst, vor allem auch der Theaterkunst begegnete Sokrates auf seinem Bildungswege, gehörte doch im klassischen Athen die Teilnahme an den Aufführungen zu den Dionysosfesten zu den staatsbürgerlichen Obliegenheiten. Ein solches Interesse bezeugte indirekt eine Nachricht des Buntschriftstellers Älian aus der römischen Kaiserzeit, der erzählt, der Sokrates der Mannesjahre habe das Theater fast nur noch dann besucht, wenn neue Stücke des Euripides aufgeführt wurden. Eine Verbindung zwischen diesem jüngsten unter den drei großen Dramatikern und dem Philosophen Sokrates, die man geradezu als Arbeitskontakt bezeichnen könnte, wird in der Alten Komödie vorausgesetzt; über direkte Zeugnisse verfügen wir jedoch nicht.

Sokrates als Staatsbürger

Ebenjener Sokrates, des Sophroniskos und der Phainarete Sohn, aus dem Demos Alopeke hatte sich als Bürger seiner Polis Athen im Verlaufe eines langen Lebens vielfältig zu bewähren; er hat diese Proben bestanden. Offenkundig hatten ihn bereits die Beziehungen seiner Familie auf die konservative Richtung gewiesen, und die ökonomischen Interessen seines Vaters nicht anders als seine eigenen mochten eine Orientierung auf die alten Adelskreise anempfehlen, die als Auftraggeber für Grabdenkmäler und andere Bildhauerarbeiten in erster Linie in Betracht kamen. Aber auch gegen die Politik des Perikles hat er gewiß nichts einzuwenden gehabt, wenn sie den mittleren und kleineren Eigentümern Konzessionen machte und den gesamten Demos politisch und ideologisch mobilisierte, um die allseitige Führungsrolle Athens im ägäischen Raum und ein kulturelles Programm sondergleichen durchzusetzen. Sie mündete freilich mit Notwendigkeit in den Peloponnesischen Krieg aus, der die Krise nicht nur des Stadtstaates Athen, sondern des gesamten griechischen Polissystems heraufführte. Obgleich schon nicht mehr im Jugendalter stehend, hat Sokrates an drei Feldzügen in der ersten Phase des Krieges teilgenommen und dabei seinen Mann gestanden.

Sokrates kämpfte als Hoplit, als Schwerbewaffneter, der mit Helm, Panzer, Beinschienen und großem Schild ausgerüstet war und Lanze wie Schwert als Waffe zu handhaben wußte. Während die Taktik der griechischen Frühzeit, welche die Epen Homers widerspiegeln, auf adlige Einzelkämpfer gegründet war, stützten sich die Bauern- und Bürgerheere der späteren Poleis auf die geschlossene Schlachtordnung, die Phalanx, der Hopliten. Diese organisierte Masse der Schwerbewaffneten ging nicht nur in einer Linie vor, sondern blieb auch während des Gefechts, jeder Mann auf seinem Platz, zusammen. Waffen und Ausrüstung, für die ihre Träger aus eigenen Mitteln sorgen mußten, wurden im klassischen Athen fabrikmäßig hergestellt, und ein Besuch des Sokrates in einer derartigen Werkstatt ist uns überliefert (Xenophon, Erinnerungen 3,10,9ff.). Durch eine

Grabstele des Aristonautes. Athen,
Nationalmuseum

solche Massenproduktion gewannen die Ausrüstungen an Paß-
form und wurden zugleich billiger, so daß auch mäßig begüterte
Freibürger als Hopliten Dienst tun konnten — neben der
Reiterei, die im 5. Jahrhundert im Unterschied zu der späteren
hellenistischen Zeit nur eine nachgeordnete Rolle spielte, und
neben den Leichtbewaffneten, die sich aus den freien Bürgern

der niedersten Steuerklasse, den Theten, rekrutierten. Übrigens bedurfte der Hoplit in der Regel eines Waffen- und Proviantträgers, als solche dienten Theten oder Sklaven. Auch von dieser Seite her bestätigt sich somit die gesellschaftliche Einordnung des Sokrates, die wir oben vornahmen.

In der ersten Phase des Peloponnesischen Krieges spielte die Stadt Poteidaia (auch: Potidaia), eine korinthische Tochterstadt (= Kolonie), auf Pallene, der westlichsten Halbinsel der Chalkidike, gelegen, eine wichtige Rolle. Sie gehörte dem Attischen Seebund an und wurde von Athen mit zunehmend höheren Tributen belegt. Diese als ungerechtfertigt empfundene Belastung sowie die Spannungen zwischen Athen und der Mutterstadt Korinth, von denen bereits eingangs die Rede war, und nicht zum geringsten auch anmaßende Forderungen des Perikles führten im Frühjahr 432 zum Abfall Poteidaias, das sich dabei auf sein Bündnis mit dem Makedonenkönig Perdikkas II. stützen konnte. Athen entschloß sich zur Belagerung der unbotmäßigen Polis, deren Einwohner sich hartnäckig verteidigten; erst im Frühjahr 429 konnte die Stadt zur Kapitulation gezwungen werden. Für diesen weiten und entbehrungsreichen Feldzug war der Hoplit Sokrates aufgeboten worden. Der Neffe des Perikles, Alkibiades (um 450 geboren), der zu Sokrates' Schülerkreis gehört hatte, nahm ebenfalls an der Expedition teil und hat lange Jahre danach noch ausführlich über das imponierende Verhalten des von ihm hochverehrten Meisters berichtet. Anlaß dazu gab die Feier eines dramatischen Sieges des Tragödiendichters Agathon (um 447 bis nach 405), der im Jahre 416 errungen wurde; Platon hat diese Feier im „Gastmahl" in künstlerischer Ausgestaltung geschildert (Platon, Gastmahl 219 D ff.). Sokrates war zu jener Zeit dreiundfünfzig Jahre alt, Alkibiades stand am Anfang des vierten Lebensjahrzehnts.

„Ich war", erzählt Alkibiades von seinem ersten Zusammentreffen mit Sokrates, „einem Menschen von solcher Vernunft und Festigkeit begegnet, wie ich ihn niemals zu treffen erwartet hätte." — „Einige Zeit später nahmen wir gemeinsam am Feldzug nach Poteidaia teil und aßen dort auch zusammen am selben Tisch. Vor allem war er im Ertragen von Strapazen nicht nur mir, sondern auch allen anderen überlegen. Wenn wir, wie es im Felde vorkommt, abgeschnitten waren und Hunger leiden mußten, da war auf die anderen Kameraden nicht zu rechnen, wenn es ums Durchhalten ging. Ging es aber wiederum ums Feiern, so war er als einziger zum Genusse befähigt, und besonders auch dann, wenn er wider seine Neigung trinken mußte, trank er alle anderen unter den Tisch. Und was dabei das merkwürdigste ist: Niemand hat je Sokrates betrunken gesehen!" — „Im Kampf mit der Härte des Winters — und die Winter sind dort wirklich streng — vollbrachte er Erstaunliches. Als einmal ganz scharfer Frost war und seine Kameraden sich überhaupt nicht herauswagten oder, wennschon, dann höchst sonderbar eingemummelt, die Beine mit Filz und Schafpelz umwickelt, da trat Sokrates unter den gleichen Umständen ins Freie, lediglich mit dem Mantel angetan, den er auch sonst zu tragen pflegte; barfuß schritt er leichter über das Eis als die andern mit ihren Schuhen. Seine Kameraden aber schauten böse hinter ihm drein, als ob er sie verhöhnen wolle."

„Soweit davon! ‚Doch was er weiter vollbracht und erduldet, der mächtige Krieger'" (zitiert ist Homer, Odyssee 4,242), „nämlich damals auf dem Feldzug, lohnt sich anzuhören. In Gedanken versunken, stand nämlich einmal Sokrates vom frühen Morgen an grübelnd da. Und weil er mit seinen Überlegungen nicht zu Ende kam, ging er nicht fort, sondern verharrte an seinem Platze und sann weiter nach. Inzwischen war es Mittag geworden, die Leute wurden auf Sokrates aufmerksam, und einer erzählte es dem andern, daß der seit Tagesanbruch dastehe und nachsinne. Als es schließlich Abend wurde, kamen nach dem Essen einige von den Ioniern" (die als Angehörige des Attischen Seebundes sich an der Expedition hatten beteiligen müssen) „und brachten ihre Schlafdecken mit; denn es war Sommer. Erstens wollten sie in der Kühle nächtigen, zum andern aber den Sokrates beobachten, ob er auch die Nacht über stehenbleiben werde. Der nun blieb in seiner Stellung, bis der Morgen graute und die Sonne aufging; dann entfernte er sich, nachdem er zur Sonne gebetet hatte."

„Als das Gefecht stattfand, auf Grund dessen mir die Feldherren die Tapferkeitsauszeichnung verliehen", fuhr Alkibiades fort, „da hat mich kein andrer gerettet als er. Ich lag nämlich verwundet auf dem Schlachtfeld; er aber wollte mich nicht meinem Schicksal überlassen, sondern brachte meine Waffen und mich selbst in Sicherheit. Und ich forderte schon damals, lieber Sokrates" (Sokrates, der hier angeredet wird, gehörte, wie erwähnt, zu den Teilnehmern der Feier des Agathon), „die

Feldherren sollten dir die Auszeichnung verleihen." — „Als aber die Feldherren im Hinblick auf meinen Stand mir die Auszeichnung geben wollten, da tratest du noch energischer als die Feldherren selbst dafür ein, daß ich sie erhalten sollte und nicht du."

Die athenischen Feldherren (Strategen) bildeten in der klassischen Zeit ein zehnköpfiges Kollegium, das bei täglich wechselndem Vorsitz den Oberbefehl über Heer und Flotte führte. Ihre Amtszeit betrug ein Jahr, dann war Wiederwahl möglich. Um für dieses Amt kandidieren zu können, mußte der Bewerber über Grundbesitz verfügen; zu Strategen wurden daher vornehmlich Abkömmlinge der alten Aristokratie gewählt, die mitunter über das militärische Amt hinaus erheblichen politischen Einfluß gewannen, wie zum Beispiel Perikles. Die Strategen entschieden, wie unsere Stelle beweist, auch über Belohnungen und Auszeichnungen. Dabei handelte es sich um Ehren- und Geldgeschenke; ein Ordenssystem wie bei den Römern hat es bei den Griechen nie gegeben, offensichtlich weil dem ihr demokratischer Sinn entgegenstand.

Nicht nur die Schlacht bei Poteidaia, auch die Schlacht bei Delion spielt in Alkibiades' Lobpreis eine Rolle. Im Unglücksjahr 424, in dem Athen an allen Kampffronten Schlappen hinnehmen mußte, war auch ein Angriff auf das mittelgriechische Böotien mißlungen. Da wurde auf ihrem Rückzug die athenische Phalanx in der Nähe von Delion, einem Heiligtum des Apollon Delios (= auf der Insel Delos geboren), von den Böotiern angegriffen, und zwar, wie bereits erwähnt, in der berühmten schiefen Schlachtordnung, die, namentlich dank der Weiterentwicklung durch den Böotier Epameinondas in der Schlacht bei Leuktra gegen Sparta vom Jahre 371, eine Umwälzung im griechischen Kriegswesen heraufführte. Das athenische Heer wurde seinerzeit bei Delion vernichtend geschlagen und löste sich fluchtartig auf. Sokrates jedoch, der wieder als Hoplit für seine Heimatstadt gekämpft hatte, ließ sich in den allgemeinen Tumult nicht hineinziehen, sondern machte sich gemessenen Schrittes auf den Rückweg, gemeinsam mit dem nicht zuletzt von Platon wegen seiner Tapferkeit gerühmten Laches, der, nachdem er als Stratege auf dem sizilischen Kriegsschauplatz operiert hatte, von der athenischen Kriegspartei zur Verantwortung gezogen worden war, freigesprochen werden mußte, aber doch nicht wieder in ein öffentliches Amt gewählt

Kriegers Ausfahrt. Bauchamphora

wurde, sondern in Böotien als einfacher Hoplit kämpfte. So
konnte Alkibiades erzählen: „Überdies, liebe Freunde, war es
lohnend, dem Sokrates zuzusehen, als das Heer von Delion
fluchtartig abzog. Ich war damals als Reiter dabei, er als Hoplit.
Erst dann, als die andern schon zersprengt waren, ging er zurück
und mit ihm Laches. In dieser Lage stieß ich auf die beiden, und
sowie ich ihrer ansichtig wurde, rief ich ihnen zu, sie sollten den
Mut bewahren, und versprach, ich würde sie nicht im Stich
lassen. Damals nun sah ich Sokrates noch schöner als vor
Poteidaia — selber hatte ich weniger zu befürchten, da ich ja

47

beritten war. Erstens bemerkte ich, wie sehr er Laches durch festeren Mut überlegen war. Zweitens aber sah ich ihn dort, lieber Aristophanes" (der Komödiendichter nahm auch an dem Gastmahl teil), „ganz nach deinem Vers" (Aristophanes, Wolken 326) „einherschreiten so, wie er hier in Athen ‚durch die Straßen stolziert und die Augen umherwirft', Freund und Feind gelassen musternd. Schon von weiter Ferne her war es jedem klar, daß der Mann sich sehr kräftig wehren würde, wenn jemand mit ihm handgemein werden sollte. Deshalb entkam er auch unversehrt und sein Gefährte mit ihm; denn so leicht rührt man im Kriege Leute von solcher Verfassung nicht an, sondern setzt lieber denen nach, die ihr Heil in der Flucht suchen möchten."

Aristophanes' „Wolken" waren 423, ein Jahr nach Delion, uraufgeführt worden; wir werden auf das Stück noch zu sprechen kommen. Doch auch in Platons frühem Dialog „Laches" geht der Titelheld auf die Episode ein und bringt seine Bewunderung für Sokrates zum Ausdruck; wenn auch andere ihm gleich zu werden vermöchten, dann würde es besser um Athen stehen und hätte die Stadt ihren tiefen Fall vermeiden können (Platon, Laches 181 B). Das Thema ist dann von späterer Überlieferung (sogenannte Sokratesbriefe, Cicero, Plutarch) ins Wunderbare überhöht worden; für die Sokratesbiographie sind diese Erzählungen jedoch ohne Bedeutung. Auch Bertolt Brechts Kalendergeschichte „Der verwundete Sokrates", für die das Drama „Der gerettete Alkibiades" des Expressionisten Georg Kaiser die Grundlage abgab, nimmt die Schlacht bei Delion lediglich als Anknüpfungspunkt für ihre lehrhaften Aussagen; immerhin entspricht die Sokratesfigur mit ihrer wahrhaften Tapferkeit und ihrem echten Heldentum der historischen Wirklichkeit.

Auch an der letzten Aktion vor dem Abschluß des Verständigungsfriedens des Nikias im Jahre 421, der den ersten Teil des Peloponnesischen Krieges beendete, dem Aufklärungsvorstoß gegen Amphipolis, hatte Sokrates teil. Amphipolis, am Strymon (heute Struma) in Thrakien gelegen, war 437 athenische Kolonie geworden. Die Tochterstadt zeigte sich jedoch gegenüber der Metropole wenig anhänglich und ergab sich 424 ohne Widerstand dem spartanischen Führer Brasidas. Der 422 von Kleon, dem Repräsentanten der athenischen Kriegspartei, unternommene Versuch, den strategisch wichtigen Ort zurückzugewinnen, scheiterte kläglich; Kleon selbst blieb auf dem Schlachtfelde ebenso wie sein Gegner Brasidas. Daß Sokrates auch in diesem Feldzug mitkämpfte, ist durch den Philosophiehistoriker Diogenes Laertios, der um 220 u. Z. schrieb, zuverlässig überliefert; Einzelheiten übermittelt der Autor jedoch nicht.

Indes nicht nur im Kriege, sondern auch im zivilen Leben wußte sich Sokrates, inzwischen älter geworden, als tapferer Staatsbürger zu bewähren. Zwei Episoden solcher Wirksamkeit sind überliefert. Die erste spielte noch während des Peloponnesischen Krieges. In dessen letzter Phase gelang der athenischen Flotte noch einmal ein erfolgreicher Schlag gegen die Spartaner. Unter Aufbietung aller Kräfte und mit Hilfe des treuen Verbündeten Samos hatten hundertfünfzig Schiffe ausgeschickt werden können, die in dieser größten Seeschlacht des ganzen Krieges der spartanischen Streitmacht im August 406 bei den Arginusen, einer Inselgruppe im Sund von Lesbos, eine empfindliche Niederlage beibrachte; mehr als siebzig feindliche Schiffe kamen in athenische Hand. Der Sieg war jedoch mit enormen Verlusten erkauft, die in der Bürgerschaft Athens erhebliche Erregung hervorriefen, welche sich in der Stadt von der oligarchischen Partei manipulierte Demagogen zunutze machten. Als nämlich in der Volksversammlung die verantwortlichen Feldherren einen gemeinsamen Bericht vorlegten, brach bei der Erwähnung des Umstandes, daß die Rettung der schiffbrüchigen Matrosen durch ein Unwetter verhindert worden sei, ein Sturm der Empörung los, in welchem die Menge die Feldherren der Pflichtvergessenheit bezichtigte; sie wurden ihrer Ämter enthoben, nachdem sie ihren Bericht über einen Sieg beendet hatten, der die kühnsten Erwartungen übertraf! Und mehr noch als das: Man klagte sie in aller Form an, setzte sie in Haft und brachte ihren Prozeß als wichtige Staatssache unmittelbar vor die Volksversammlung (die naturgemäß leichter zu beeinflussen war als die ordentlichen Geschworenengerichte). Dabei tat sich besonders der reiche Grundbesitzer Theramenes hervor, der selber als Trierarch, das heißt als Kommandeur einer Triere, bei der Rettung der Schiffbrüchigen versagt hatte und dessenungeachtet von den Strategen mit unangemessener Milde behandelt worden war. Offensichtlich rechneten Theramenes und sein Klüngel darauf, daß die kampffähige Mannschaft noch im Felde stand und deshalb an der

Volksversammlung nur eine Minderheit der Bürger teilzunehmen vermochte. Die Verhandlungen wurden mit allen Mitteln der Demagogie geführt, und man scheute sich nicht, einen Antrag einzubringen, nach dem allem Rechte zuwider jeder Einredende, durch den das Verfahren hätte unterbrochen werden können, als Mitschuldiger behandelt werden sollte. Der Antrag mußte von der Exekutive, dem Rat der 500 bzw. von seinem zehnmal im Jahr wechselnden Präsidium der fünfzig Ratsherren, den Prytanen, behandelt werden, und diese ließen sich sämtlich einschüchtern bis auf einen, den für jenen Tag das Los zum Vorsitzenden bestimmt hatte: Sokrates. Mannhaft wehrte er sich, wider die Gesetze zu handeln, und widersetzte sich dem Antrag, obgleich die demagogischen Wortführer schon bereitstanden, ihn zu denunzieren und verhaften zu lassen, und das Volk jenen applaudierte. Sokrates jedoch zog es vor, das Äußerste zu wagen, statt mit der Masse aus Furcht vor Verhaftung und Tod gegen das Recht zu stimmen (Platon, Apologie 32 BC). Zwar vermochte sein mutiges Auftreten das Leben der Feldherren nicht zu retten — die sechs, deren man hatte habhaft werden können, darunter des Perikles gleichnamiger Sohn, wurden wiederum gegen alle Gepflogenheit en bloc zum Tode verurteilt —, bald jedoch sollten die Athener bitter bereuen, daß sie sich zu solcher Unbedachtsamkeit hatten hinreißen lassen.

Denn der Seesieg bei den Arginusen war der letzte militärische Erfolg Athens während des Peloponnesischen Krieges. Wie wir in anderem Zusammenhang zeigten, wurde 405 die Flotte bei Aigospotamoi entscheidend geschlagen und kam es im Jahre darauf zur totalen Kapitulation. Diese führte die Herrschaft der Dreißig Tyrannen herauf, von Sparta eingesetzter Oligarchen, die unerbittlich gegen Eigentum und Leben ihrer politischen Gegner vorgingen. Und wiederum sah sich der Staatsbürger Sokrates gezwungen, gegen einen als ungesetzlich empfundenen Befehl der Obrigkeit aufzubegehren.

Zu denen, die den Haß der Dreißig auf sich gezogen hatten, gehörte auch Leon aus Salamis. Mit einem gewissen Grade an Wahrscheinlichkeit ist dieser identisch mit dem athenischen Demokraten, der als Mitglied der Delegation seiner Heimatstadt 422/21 in Sparta den sogenannten Nikiasfrieden abschließen half, 412/11 als Stratege militärische Unternehmungen gegen die Inseln Lesbos, Chios und Samos leitete und 406/05 wiederum in diesem Amte fungierte. Da er unter den Strategen

der Arginusenschlacht nicht genannt wird, war er möglicher-
weise in Gefangenschaft geraten. Jedenfalls wurde Sokrates
nach der Etablierung der oligarchischen Diktatur mit vier
weiteren Bürgern von den Dreißig in die Tholos gerufen, einen
Rundbau in der Nähe des Buleuterions, des Sitzungssaales des
Rates der 500, der als Aufenthaltsort sowie als gemeinsamer
Speiseraum für die jeweils amtierenden Prytanen gedient hatte
und jetzt offenbar von den neuen Herren als Amtssitz bestimmt
worden war. Dort erhielten jene fünf Männer den Befehl, den
erwähnten Leon zu verhaften, damit ihn die Dreißig hinrichten
lassen könnten. Da auch andere Bürger vergleichbare Aufträge
erhielten, war die Intention offenkundig, welche die Dreißig mit
dieser Politik verfolgten: Es sollten möglichst viele mitschuldig
an ihren Terrorakten werden. Sokrates durchschaute diese
Absicht und bewies durch die Tat, daß ihm kaum etwas am
Leben, dagegen aber alles daran lag, „nichts Ungerechtes und
nichts Unredliches zu tun" (so seine eigenen Worte; Platon,
Apologie 32 D). So ging er, während sich die vier anderen nach
Salamis begaben, um Leon zu verhaften, nach Hause. Ein
solches Verhalten hätte ihn, so äußerte er sich selbst (Platon,
Apologie 32 E), das Leben kosten können, wenn nicht das
Regime der Dreißig bald wieder hinweggefegt worden wäre.
In seinem Abschiedsgespräch mit Kriton läßt Sokrates die
Gesetze personifiziert auftreten: „Wir haben dich gezeugt,
genährt, erzogen und dir wie allen anderen Bürgern auch nach
Kräften an allem Schönen Anteil gegeben. Und trotzdem
erbieten wir uns in aller Form, daß es einem jeden Athener,
nachdem er in die Bürgerrolle eingetragen wurde und er sich die
Verhältnisse in der Stadt sowie uns, die Gesetze, gründlich
besah, seinem Willen entsprechend freistehen soll, wenn wir ihm
etwa nicht gefallen, sein Eigentum zu nehmen und fortzuziehen,
wohin er will. Keines von uns, den Gesetzen, steht im Wege oder
verhindert, wenn einer von euch, falls wir oder die Stadt ihm
nicht gefallen, sich in eine Kolonie zu begeben wünscht oder, falls
er anderswohin auswandern möchte, mit seiner Habe dorthin
zu gehen. Wer aber von euch hier bleibt und sieht, auf welche
Weise wir Recht sprechen und sonst die Stadt verwalten, der
hat dann, so behaupten wir, durch die Tat seine Zustimmung
dazu erklärt, daß er tun wird, was wir gebieten. Und wer dann
nicht gehorcht, von dem behaupten wir, daß er dreifach
Unrecht tut: zum ersten ist er ungehorsam gegen uns als seine

Aristionstele.
Athen, Nationalmuseum

Erzeuger, zum zweiten gegen uns als seine Erzieher, zum dritten gehorcht er uns nicht entgegen seinem Einverständnis zu solchem Gehorsam und stimmt uns auch nicht um, wenn wir etwas nicht recht tun. Dabei geben wir Freiheit und setzen unsere Weisungen nicht gewaltsam durch, sondern lassen zwischen zwei Möglichkeiten die Wahl, nämlich uns umzustimmen oder nach unseren Weisungen zu handeln" (Platon, Kriton 51 C ff.). — Es kann keinem Zweifel unterliegen, daß der Staatsbürger Sokrates diesen Maximen nach bestem Vermögen gefolgt ist.

Das Gute hat Sokrates zunächst nur im besonderen Sinne des Praktischen aufgenommen: Was mir das Substantielle für das Handeln sein soll, darum soll ich mich bekümmern.

Georg Wilhelm Friedrich Hegel

Sokrates als Erzieher

Der Staatsbürger Sokrates hat seiner Vaterstadt gedient, wo immer sie ihn rief. Aber er hat keine politischen Ämter angestrebt, weil ihm die radikale Demokratie Athens mit ihrer Ämterbesetzung durch das Los zuwider war; er bezeichnete es als eine Torheit, „die Lenker des Staates auf Grund des Ergebnisses einer Bohnenabstimmung zu ernennen, während niemand einen auf solche Weise ermittelten Steuermann, Baumeister, Flötenspieler oder was sonst auch würde haben wollen" (Xenophon, Erinnerungen 1,2,9). Dagegen sah er in der erzieherischen Einwirkung auf seine Umwelt, in den Gesprächen mit seinen Freunden und Schülern einen echten Dienst am Staat, an seiner Heimatstadt.

Wann Sokrates in solcher Weise öffentlich zu wirken begann, ist kaum zu ermitteln; die Auffassung, daß erst die Erschütterungen des Peloponnesischen Krieges ihn auf den Plan riefen, hat manches für sich. Voraussetzungen solcher Wirksamkeit waren einmal die südliche Daseinsform, bei der sich bis in die Gegenwart hinein, mehr oder minder ungeregelt, ein Großteil des Lebens in der Öffentlichkeit, auf dem Markte und auf der Straße abspielte, und weiter des Sokrates Bedürfnislosigkeit, die es ihm ermöglichte, ohne geordneten Erwerb seinen Neigungen zu leben. Diese seine mit körperlicher Abhärtung gepaarte Bedürfnislosigkeit wußte nicht nur Alkibiades in der bereits herangezogenen Lobrede auf Sokrates beim Agathon-Gastmahl zu rühmen (Platon, Gastmahl 219 D ff.), sondern es berichtet auch sein Schüler Xenophon darüber: Sokrates lebte derart sparsam, „daß ich mir nicht vorzustellen vermag, daß jemand so wenig durch seine Arbeit verdienen könnte, um nicht das zu erhalten, womit Sokrates sich begnügte. Er aß nur so lange, wie er mit Lust aß, und kam bereits in einem solchen Zustand zu Tisch, daß ihm der Appetit als Zukost dienen konnte" (Xenophon, Erinnerungen 1,3,5). Bei passender Gelegenheit konnte daher der Weise äußern: „Kann man sich eine kostspieligere Nahrungszubereitung oder vielmehr Nahrungsverfälschung denken, als wenn jemand auf einmal die verschiedensten Leckerbissen in den Mund nimmt? ... Wer dagegen daran gewöhnt ist, zu einem Bissen Brot nur einen Bissen Belag zu verzehren, der wird auch, wenn nicht viel da ist, diesen einen Bissen ohne Not haben können" (a. a. O. 3,14,5).

So bescheidene Ansprüche an das äußere Leben — auch die Behausung des Sokrates wird man sich wie überhaupt die privaten Häuser seiner Zeit recht schlicht vorzustellen haben — gaben Sokrates die Freiheit, in weitgehender Unabhängigkeit sein Leben zu führen und seine Zeit nach eigenem Belieben einzuteilen. Schon des Morgens, so wird berichtet (a. a. O. 1,1,10), war er an den Orten zu finden, wo er am ehesten darauf rechnen konnte, mit vielen Leuten zusammenzukommen: in den öffentlichen Wandelhallen und in den Gymnasien. Die langgestreckte, schmale Halle (Stoa) mit geschlossenen Rück- und Schmalseiten und einer offenen, durch Stützen gegliederten Vorderseite, die gegen die pralle Sommersonne ebenso schützte wie gegen den winterlichen Regen, ist als Bautypus schon für die vorgriechische Epoche überliefert; sie begegnete in klassischer und hellenistischer Zeit gleichermaßen an Kultbauten wie an großen Platzanlagen. Die bekannteste Säulenhalle in Athen war die „Bunte Halle" (Stoa poikile), um 450 errichtet und mit Gemälden des zu seiner Zeit hochberühmten Malers Polygnotos sowie anderer Künstler geschmückt; sie wurde nach 300 zum Versammlungsort der nach ihr benannten stoischen Philosophenschule, deren Stifter — genauso wie Sokrates — nicht bemittelt genug waren, um ein eigenes Grundstück zu erwerben, und darum für ihren Unterricht das öffentliche Gebäude benutzen mußten. Die Gymnasien aber (von gymnós, „nackt") und die ihnen oftmals gleichgesetzten Palästren („Ringschulen") waren Stätten der Körpererziehung der männlichen Jugend, in denen nackt geturnt wurde. Ein geräumiger Platz im Mittelpunkt, wurden sie von Bädern, Übungs- und Aufenthaltsräumen umgeben, die in den Trainingspausen und nach den Kämpfen genug Möglichkeiten für Gespräche boten; so entwickelten sich dann in nachklassischer Zeit die Gymnasien zu Anstalten für den höheren Unterricht. Sokrates erschien dort, „wenn der Markt sich mit Menschen füllte" (Xenophon, Erinnerungen 1,1,10). Bekannte wie Unbekannte zog er ins Gespräch, und an Zuhörern war meistens kein Mangel. Erst gegen Abend machte sich der wunderliche Mann wieder auf den Heimweg.

Ausgangspunkt des Sokratischen Gespräches war zu allen Zeiten die Frage nach der Selbsterkenntnis: „Die sich selber kennen, wissen, was ihnen frommt, und vermögen zu unterscheiden, was in ihrer Macht liegt und was nicht" (Xenophon, Erinnerungen 4,2,26). Dem eigenen Zeugnis zufolge (ebenda 4,2,24) fühlte er sich dem Spruche verpflichtet, der an der Vorderfront des Apollontempels zu Delphi zu lesen stand: „Erkenne dich selbst!" Er wurde auf einen der Sieben Weisen zurückgeführt, einen jener Denker und Staatsmänner des 7. und 6. Jahrhunderts, die ihre aus der Lebenspraxis gewonnenen Erfahrungen in derart markante Formeln zu kleiden wußten; und zwar von manchen auf Chilon aus Sparta, durch den die Militarisierung des spartanischen Staates eingeleitet worden sein soll, von anderen auf Thales von Milet, den Politiker, Mathematiker und Astronomen, der am Anfang der ionischen Naturphilosophie steht. Dieses Streben nach Selbsterkenntnis hatte Sokrates zu der Einsicht geführt, daß er nichts wisse, und mit dieser Einsicht zugleich den Wunsch stimuliert, sich Wissen anzueignen. Dabei ging es ihm jedoch nicht um Wissen und Erkenntnis schlechthin, sondern um die Erwerbung solcher Kenntnisse, die sich als notwendig, nützlich und anwendungsbereit erweisen würden. Eine eigene Erkenntnistheorie hat Sokrates nicht ausgebildet, wenn ihm auch die von Parmenides, Platon und anderen Philosophen herausgestellte Unterscheidung von Doxa (= Vorstellung, Ansicht, Meinung) auf der einen und Wissen = Wahrheit auf der anderen Seite nicht fremd war. „Weil es so viele schöne und nützliche und doch voneinander unterschiedliche Dinge gibt", so lehrte er, „haben die Götter den Menschen die entsprechenden Sinnesorgane verliehen, vermittels deren wir alles Gute in uns aufnehmen. Sie haben uns die Gabe der Vernunft eingepflanzt, so daß wir über unsere Eindrücke nachdenken, aus der Erfahrung zu unserm Nutzen lernen und Vorsorge treffen können, daß wir das Gute genießen und das Schlechte von uns fernhalten" (Xenophon, Erinnerungen 4,3,11).

Gesammelt wurde diese Erfahrung in ausführlichen, möglichst alle Gesichtspunkte berücksichtigenden, das Pro und Kontra ins Kalkül setzenden Gesprächen, für die das südliche Leben genug Anknüpfungspunkte bot. So sprach Sokrates mit dem Maler Parrhasios aus Ephesos, der sich lange Zeit in Athen aufhielt, über die Malerei als „einen Spiegel der sichtbaren

Welt" (Xenophon, Erinnerungen 3,9,1 ff.); Parrhasios, dessen Kunst nach dem eigenen Zeugnis die Grenzen der Malerei erreicht hatte, brillierte darin, daß er Charaktere und seelische Eigenschaften der Dargestellten zu begreifen wußte (für uns ist seine Kunst lediglich durch den Abglanz faßbar, den sie in der Bemalung der weißgrundigen Lekythen gefunden hat, jener Ölgefäße aus dem Grabkult des 5. Jahrhunderts, die zu dessen Gedächtnis mit Szenen aus dem Leben des Verstorbenen geziert wurden). Daß die Skulptur seelisches Leben zum Ausdruck bringen müsse, war das Fazit eines Gesprächs mit dem Bildhauer Kleiton (Xenophon, Erinnerungen 3,10,6 ff.) – wir haben über die Persönlichkeit sonst keine Nachricht. Die Arbeit des Panzerschmiedes Pistias half, über Proportionen und Proportionalität Klarheit zu gewinnen (Xenophon, Erinnerungen 3,10,9 ff.). Der berühmten Hetäre Theodote, der Freundin des Alkibiades, stattete Sokrates mit seinen Begleitern einen Besuch ab, um sich mit ihr – in bis zum Extrem gesteigerter Ironie – darüber zu unterhalten, wie sie durch ihren Charme ihre Freunde an sich fessele (Xenophon, Erinnerungen 3,11). Aber auch die körperliche Fitneß wurde zum Gegenstand weitausgreifender Erörterungen (Xenophon, Erinnerungen 3,12).

Mit dem letzten Thema ist bereits der Übergang zu einer zweiten Gruppe von Gesprächsgegenständen gefunden. Nicht nur in das persönliche Leben griff Sokrates ein, auch an den gesellschaftlichen Fragen nahm er als bewußter Staatsbürger lebhaft Anteil. Der Mann, der von seiner Vaterstadt Athen gesagt hatte, sie sei wegen ihrer Weisheit und Stärke unter allen Städten am größten und berühmtesten (Platon, Apologie 29 D), antwortete dem Sophisten Antiphon auf die Frage, warum er nicht als Politiker in die Arena trete, mit der Gegenfrage: „In welchem Falle tue ich wohl mehr für den Staat, wenn ich als einzelner mich in der Politik betätige oder wenn ich mich bemühe, möglichst viele Menschen für eine solche Wirksamkeit zu befähigen?" (Xenophon, Erinnerungen 1,6,15.) In diesem Sinne führte Sokrates Gespräche mit dem noch nicht zwanzigjährigen Aristokratensprößling Glaukon, einem Bruder des Platon, der 424 in der Schlacht bei Delion, in der ja auch Sokrates mitkämpfte, verwundet wurde; er zeigte dem ehrgeizigen jungen Mann, wie viele politische, militärische, juristische, ökonomische und landwirtschaftliche Kenntnisse er sich werde aneignen müssen, um staatsmännischen Aufgaben gewachsen zu sein (Xenophon, Erinnerungen 3,6). Zur selben Zeit ermutigte er den befähigten Charmides, Glaukons Onkel, der sich scheute, öffentlich aufzutreten, zu politischer Betätigung (Xenophon, Erinnerungen 3,7). Charmides, den Platon in dem nach ihm benannten Dialog als schönen jungen Mann darstellte, stand beim Umsturz von 404 seiner Herkunft gemäß auf der Seite der Dreißig Tyrannen und fiel im Frühjahr 403, als die Demokratie wiederhergestellt wurde.

Seine eigene Erfahrung als Soldat ließ Sokrates das Gespräch zu solchen Mitbürgern suchen, die nach den Prinzipien der athenischen Demokratie in militärische Funktionen gewählt worden waren. Stets war sein Ausgangspunkt die Feststellung, welche Kenntnisse und Fähigkeiten das betreffende Amt erforderte, ihr folgte die Frage an den Gewählten, ob er diesen Anforderungen entspreche, und am Ende stand der Hinweis, wie er das ihm noch Fehlende nachholen könne (Xenophon, Erinnerungen 3,1—4). Von besonderem Interesse ist in diesem Zusammenhang eine Unterredung, die Sokrates mit dem jüngeren Perikles führte, dem illegitimen Sohn des großen Perikles und der Aspasia, der nach dem Tode seiner beiden älteren Brüder 430 adoptiert worden war. Bei dieser Begegnung (Xenophon, Erinnerungen 3,5), die gegen Ausgang des Peloponnesischen Krieges stattfand, vermochte Perikles nur Symptome des Niedergangs zu erkennen, während Sokrates die großen Traditionen der Athener herausstellte, ihre Disziplin bei der Flotte, beim Sport und bei den dramatischen Aufführungen rühmte, das moralische und politische Gesicht des Areopags, des altathenischen Gerichtshofs, hervorhob und große Hoffnungen auf eine vertieftere Ausbildung der in das Strategenamt Gewählten setzte. In der Tat gehörte Perikles dem Strategenkollegium an, das im August 406 die erfolgreiche Seeschlacht bei den Arginusen leitete. In dem darauf gegen die Strategen angestrengten Prozeß, in dem Sokrates vergebens das Recht gegen demagogische Umtriebe zu wahren suchte, wurde Perikles verurteilt und hingerichtet.

Die starke innere Bindung an seine Heimatstadt Athen gab Sokrates die Berechtigung nicht nur zu hilfreichem Rat, sondern auch zu ernster Kritik. So fest jener auch auf dem Boden der Prinzipien des Perikleischen Staates stand, wie sie etwa in der durch den Historiker Thukydides (um 460—400) dem Sinne nach vermittelten Lobrede des Perikles auf die Gefallenen des ersten Kriegswinters 431/30 prägnant fixiert sind, so wenig vermochte er sich mit den Auswüchsen abzufinden, welche der radikalen Demokratie notwendigerweise anhafteten. Zu diesen Auswüchsen gehörte zweifelsohne die Auslosung von Staatsämtern ohne Rücksicht auf Qualifikation und Vorbildung des Gewählten. Die Abstimmung wurde mit Bohnen durchgeführt. Aus einer Urne entnahm man dabei den Namen des Kandidaten, aus einer zweiten eine Bohne; war diese Bohne weiß, so galt der Kandidat als gewählt, war sie schwarz, so mußte er verzichten. Sokrates bezeichnete es im Gespräch mit seinen Freunden als Torheit, auf diese Weise die führenden Politiker ermitteln zu wollen. Einen Steuermann, Baumeister oder Flötenspieler würde niemand – wir zitierten die Stelle bereits – so leichtfertig bestimmen, obgleich doch deren Verantwortungsbereich sehr viel begrenzter sei als der des Staatsmannes. Sokrates forderte dementsprechend, daß, wer ein Staatsamt antrete, sich gründlich darauf vorbereiten müsse, und die Bewerber, die ihm in den Weg liefen, zog er ins Gespräch, um sie hinsichtlich dieser ihrer Vorbereitung zu überprüfen. Das Ergebnis war zumeist ein negatives. Daß freilich die derart in aller Öffentlichkeit Bloßgestellten Sokrates sein Inquirieren verargten und mitunter ihr Leben lang nachtrugen, ist recht gut verständlich, und bei dem Prozeß, der schließlich zu seiner Verurteilung und zu seinem Tode führte, spielten diese Gespräche eine nicht geringe Rolle (Xenophon, Erinnerungen 1,2,9f.).

Sokrates, der des öfteren von sich sagte, er wisse nur, daß er nichts wisse (Platon, Hippias minor 372 B; Charmides 165 B; Euthyphron 6 B), lehnte folgerichtig den systematischen Lehrvortrag, wie ihn die Sophisten pflegten, ab. Die ihm angemessene Methode war vielmehr das Gespräch, der Dialog; man darf sie also mit vollem Recht als eine dialektische (griech.: dialégesthai = sich unterreden, im Wechselgespräch etwas klären) bezeichnen. Überzeugt von der Möglichkeit, durch beständiges Suchen die Wahrheit zu finden, pflegte Sokrates das fragende Gespräch, das dem zur Behandlung stehenden Problem sich schrittweise anzunähern strebte und dabei Zug um Zug Ergebnisse zutage förderte. Sokrates selbst hat dieses Herangehen als Mäeutik, als Hebammenkunst bezeichnet und damit ganz gewollt auf den Beruf seiner Mutter angespielt; Lenin, den das Studium von Hegels Vorlesungen über die Geschichte der Philosophie auf Sokrates' Hebammenkunst führte, hat in einer Randnotiz diese Anspielung als scharfsinnig gekennzeichnet (W. I. Lenin, Aus dem philosophischen Nachlaß, 2. Aufl., Berlin 1954, 211).

Ein weiteres Merkmal Sokratischer Gesprächsführung ist die Ironie, mit der sich der Philosoph seinen Partnern als Unkundigen, der Information und Belehrung Bedürftigen darbietet, um ihnen Mut zu machen, sich ohne Scheu an dem Gespräch zu beteiligen. Dieses Gespräch hatte für Sokrates auch dann seinen Sinn, wenn es nicht zu einem abschließenden Ergebnis führte, sondern lediglich die fruchtbare Aporie aufwies sowie Wege, um die angeschnittene Problematik einer Lösung näherzuführen. Als Ausgangspunkt für sein Fragen nannte Sokrates den Ausspruch des Delphischen Orakels — wir werden noch auf ihn zurückkommen —, daß niemand weiser sei als er. Der Philosoph wollte den Wahrheitsgehalt dieser Aussage prüfen und wandte sich daher an die Vertreter der verschiedenen Gruppen innerhalb der athenischen Gesellschaft, um das Wesen ihres Wissens und ihrer Weisheit zu erkunden: an die Politiker und an die Poeten, an die Verfasser von Tragödien und Chorliedern des Dionysoskultes (Dithyramben) und endlich und vor allem an die verschiedenen Handwerker (Platon, Apologie 22).

Mitunter konnte diese Ironie auch abschreckend wirken. So wollte ein gewisser Euthydemos — er ist nicht identisch mit der Titelfigur des Platonischen Dialogs — über Sokrates' bohrenden Fragen verzagen; aber im Gegensatz zu anderen, die nach solchen Erlebnissen Sokrates' Gesellschaft mieden, ja dem lästigen Frager Feindschaft schworen, kam er indes immer wieder zu dem Meister zurück, dessen Überlegenheit er ebenso empfand wie die Notwendigkeit, von ihm zu lernen (Xenophon, Memorabilien 4,2,40).

Erzieher zu politischer Arete, zu staatsbürgerlicher Tüchtigkeit, glaubte Sokrates durch seine Gespräche für diejenigen werden zu können, die auf ihn hören wollten. Dabei waren der öffentlich-gesellschaftliche und der persönlich-private Bereich nicht voneinander geschieden; vielmehr vertrat Sokrates die Auffassung, der freie Bürger (und nur an diesen wandte er sich), der sein Haus recht zu bestellen vermöge, werde auch dem Staat am besten dienen können. Und mochte er auch das Gespräch noch so hochschätzen, die Tat blieb ihm im letzten beweiskräftiger als das Wort (Xenophon, Erinnerungen 4,4,10)!

Sokrates und die Naturphilosophie

Gegen Ende des 7. Jahrhunderts hatte sich an der von dem Stamme der Ionier bewohnten Westküste Kleinasiens, die damals den entwickeltsten Teil des griechischen Siedlungsraums ausmachte, innerhalb der Klasse der freien Bürger eine starke Schicht von Kaufleuten, Reedern und Spekulanten herausgebildet, welche in harten Kämpfen die Herrschaft der Gentilaristokratie brach. Das neugefundene Verhältnis zur Umwelt und das Bestreben, sich in dieser selbst zu verwirklichen, erforderten ein neues Weltbild, das auf reale Erfahrungen gegründet, von Rationalität durchdrungen und auf Beherrschung der Natur gerichtet war; in den verschiedenen Ausprägungen der ionischen Naturphilosophie, welche in weitgehend noch mythischen Formen materialistische Denkweisen praktizierte, fand die den Erbadel ablösende Menschengruppe die ihr gemäße Weltanschauung. Zentrum der neuen Richtung, der wohl auch der Begriff Philosophie = „Liebe zur Wissenschaft bzw. zur Weisheit" zu verdanken ist, war die reiche Hafenstadt Milet, die durch ihre handwerkliche Produktion Bedeutung besaß, den Zwischenhandel zwischen Ägäis und Orient beherrschte und dadurch zugleich zum geistigen Umschlagplatz wurde. Während des Ionischen Aufstandes vom Jahre 500 standen die Milesier an der Spitze der Erhebung gegen die persischen Bedrücker; ihre Stadt wurde daher 494 eingeäschert und nach dem griechischen Sieg bei Mykale (479) wiederaufgebaut.

Die umfangreichen Land- und Seeverbindungen, dazu die Aussendung von Kolonisten — Milet hatte an die achtzig Tochterniederlassungen von Naukratis in Ägypten bis rund um das Schwarze Meer — führten zu einem Klima der Weltoffenheit, zu einem Austausch von Ideen und Erfahrungen besonders auch mit den Völkern des Orients, zur Sammlung von Kenntnissen in Astronomie, Geographie und Ethnographie. Ein solches Wissen drängte zur Systematisierung, provozierte die Frage nach dem Wesen der Dinge, nach dem Urstoff, aus dem sie entstanden und in den sie zurückkehren, nach dem Bleibenden

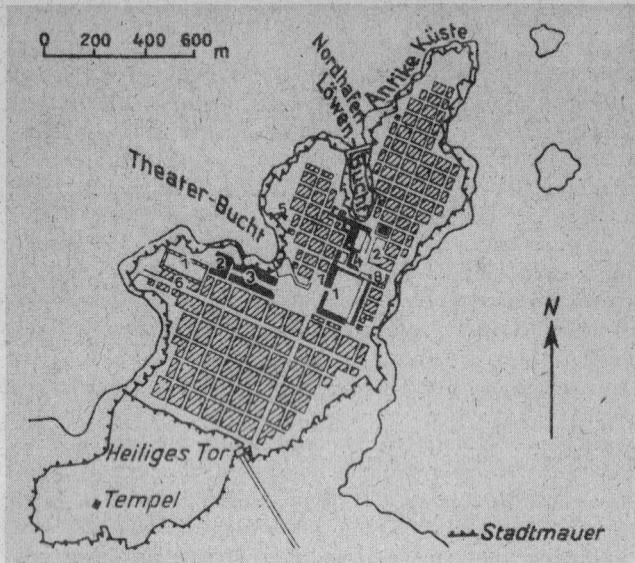

Stadtplan von Milet

im beständigen Wechsel; auf diese Frage aber vermochten die
gängigen religiösen Vorstellungen, vermochte der Mythus keine
befriedigende Antwort zu geben. So entstand, auf Rationalität
und Erfahrung gegründet und eng mit der Praxis verbunden,
die Philosophie, und zwar ihrem Objekt gemäß zunächst als
Naturphilosophie. Diese entwickelte sich in Ionien in so
„mannigfachen Formen", daß sich hier „fast alle späteren
Anschauungsweisen bereits im Keim, im Entstehen vorfinden"
(Engels, MEW 20, 333). Die markantesten Vertreter dieses
ursprünglichen, naturwüchsigen Materialismus (Engels,
MEW 20, 129) waren Thales von Milet (um 624–546), der in
dem lebenerweckenden Wasser die Urkraft erkannte, sein
Landsmann Anaximander (um 611–546), der das Apeiron, das
Unendliche, als den Urstoff aller Dinge ansah, der gleichfalls
aus Milet gebürtige Anaximenes (um 585–525), der in der Luft
die Ursubstanz suchte, sowie Heraklit von Ephesos, der
große Dialektiker, der den Kampf als den Vater aller Dinge
herausstellte, und schließlich – in ihrer Nachfolge, wiewohl um

Generationen später — Anaxagoras (um 500—428) aus Klazomenai.

Anaxagoras hatte die Tradition naturphilosophischer Reflexion wiederaufgenommen, die mit dem Tode des Anaximenes, welcher die Luft als das Urprinzip aller Dinge angesehen hatte, um 525 abgebrochen war. Zweifelsohne studierte er die Schriften seiner Vorgänger, vor allem aber widmete er sich dem Studium der Natur. So beschäftigte er sich mit dem 468 eingetretenen Meteorfall von Aigospotamoi, aus dem er schlußfolgerte, die Gestirne seien Gestein, das durch die Verbindung mit dem Äther in Glut gerate, womit er die zu seiner Zeit allgemein angenommene Göttlichkeit der Gestirne in Frage stellte. Offenbar hatte Anaxagoras bereits damals eine Schule gebildet; jedenfalls warfen ihm seine Verwandten vor, er vernachlässige die Verwaltung des Familienvermögens, so daß Anaxagoras sicher nicht ungern um das Jahr 460 der Einladung des Perikles folgte, seinen Wohnsitz nach Athen zu verlegen, und den streitenden Angehörigen den eigenen Besitzanteil mit überließ.

Solange der konservative Kimon die Politik Athens bestimmte, wird Anaxagoras' Einfluß sehr eingeschränkt gewesen sein. Dagegen mag ihm der durch Familienerbe reiche, schöne Kallias, dessen Schwester Hipparete mit dem politischen Abenteurer Alkibiades verheiratet war und den die zeitgenössische Komödie als wollüstigen Verschwender darstellte, sicherlich bereitwillig sein Haus geöffnet haben, um seinen Bildungseifer zur Schau zu stellen. Vollends aber wirkte Anaxagoras auf Perikles ein, den weltoffenen, den Wissenschaften aufgeschlossenen, ja in gewissem Maße freigeistigen Staatsmann, mit dem Athens höchste Blüte, aber auch sein beginnender Abstieg verbunden sind. Freilich besaß trotzdem der Konservatismus besonders in Fragen der Lebensordnung und in religiösen Dingen noch hinreichend starke Positionen, so daß Anaxagoras' Wirken auch jetzt noch auf einen eng gezogenen Kreis der Oberschicht Athens beschränkt blieb und seine entscheidende Erkenntnis über das Wesen der Gestirne zwar schriftlich niedergelegt, aber dennoch auf lange Zeit hin geheimgehalten wurde. Solange Perikles' Machtstellung unangefochten war, vermochte er den Freigeist Anaxagoras zu decken; als sich jedoch in den dreißiger Jahren die Angriffe von altkonservativer Seite mehrten, wurde in diese Perikles' Umgebung in weitem

Ausmaße einbezogen. So konnte kurz vor Ausbruch des Peloponnesischen Krieges der Orakeldeuter Diopeithes, ein unversöhnlicher Widersacher des Perikles und schon von Berufs wegen an der Aufrechterhaltung des alten Glaubens interessiert, den bekannten Antrag stellen, daß Leute, die nicht an das Walten der Götter glaubten und über die Erscheinungen in der Atmosphäre und im Sternenkreis Theorien entwickelten und durch Lehre verbreiteten, wegen Schädigung des Volkes gerichtlich belangt werden sollten, und die Mehrheit dafür in der Volksversammlung finden. Obwohl man Anaxagoras Angriffe gegen Staatsreligion und Volksglauben nicht nachweisen konnte, wurde er wegen Religionsvergehens angeklagt und wohl auch in Untersuchungshaft genommen. Ohne daß wir über die Details zuverlässig zu urteilen vermöchten, steht jedenfalls fest, daß er sich dem Verfahren entzog und nach Lampsakos, einer Stadt am Hellespont, ging. Hier setzte er seine Studien fort und verstarb 428 in seiner Heimatstadt Klazomenai.

Es gibt kein Zeugnis darüber, daß Sokrates und Anaxagoras einander persönlich begegnet sind; ihrer beider Beziehungen zu Kallias machen gelegentliche Kontakte zumindest wahrscheinlich. Eindeutig belegt ist dagegen, daß Sokrates des Anaxagoras Lehren und Veröffentlichungen durch seinen obenerwähnten Freund Archelaos kannte, daß er sie aufmerksam studierte und sich im Kreise seiner Freunde und Schüler mit ihnen auseinandersetzte. Sokrates kannte aber nicht nur die naturwissenschaftlichen Anschauungen des ionischen Denkers, sondern auch seine sich darauf gründende Lehre vom Nus, dem Geiste als Prinzip der Ordnung des Weltganzen. Sie beeindruckte ihn tief, und für eine Zeitlang glaubte er, in Anaxagoras den Lehrmeister in Fragen der Weltordnung gefunden zu haben (Platon, Phaidon 97 Bff.); doch dem auf die Lebenspraxis gerichteten Moralisten Sokrates vermochten offenbar die Antworten nicht zu genügen, welche eine vornehmlich theoretisch orientierte Naturforschung zu geben wußte. Überhaupt schien ihm naturwissenschaftliche Betätigung, gleich auf welchem Spezialgebiete, nur insoweit sinnvoll und zulässig, als durch sie ein unmittelbarer Nutzen für das Leben zu erlangen war; unter solchem Aspekt erschienen ihm Anaxagoras' Bemühungen als ein gefährlicher Wahn (Xenophon, Erinnerungen 4,7,6 f.). Doch ungeachtet dieser offenkundigen Distanzierung mußte es der siebzigjährige

Sokrates erleben, daß der Ankläger Meletos vor Gericht ihm Auffassungen unterschob, die in Wahrheit Anaxagoras zugehörten. „D u scheinst den Anaxagoras anzuklagen, Freund Meletos, und meinst, daß die Anwesenden literarisch derart ungebildet seien, daß sie nicht wüßten, daß die Bücher des Anaxagoras von Klazomenai mit solchen Ansichten angefüllt sind", spottete Sokrates seines Anklägers (Platon, Apologie 26 D).

Freilich kam diese Gleichsetzung des Sokrates mit dem bedeutendsten zeitgenössischen Repräsentanten der ionischen Naturphilosophie, auf die sich eine Anklage aufbaute, welche ja für die Richter zumindest diskutabel gewesen sein muß, nicht von ungefähr; denn sie hatte in ähnlicher und sehr viel wirksamerer Gestalt schon einmal ihren Niederschlag gefunden, wenngleich nicht juristisch, sondern literarisch formuliert: nämlich in den „Wolken" des großen Komödienschreibers Aristophanes. Deren erste Fassung war bei dem Dionysosfest des Jahres 423 — in der zweiten Hälfte des Peloponnesischen Krieges und ein Vierteljahrhundert vor Sokrates' Prozeß — uraufgeführt worden und durchgefallen. Das Stück wurde daraufhin überarbeitet — in dieser zweiten Fassung liegt es uns vor — und hat in dieser Umformung erheblich gewirkt, obgleich es nie wieder auf die Bühne gekommen ist. Veranlassung für Aristophanes' Dichtung gab offenbar das Generationsproblem: Die Jugend der städtischen Oberschicht, voran Perikles' Neffe Alkibiades, der ja eine Zeitlang zum Kreise des Sokrates gehört hatte, war daran gewöhnt, über die Stränge zu schlagen; mit den Mitteln der Erziehung versuchte sie der konservative Friedensfreund Aristophanes zu den alten athenischen Ordnungen zurückzuführen. Zentrale Figur des Stückes ist ein attischer Bauer, Strepsiades geheißen, der mit einer Frau adliger Herkunft verheiratet war; ihrer beider Sohn mit dem vornehmen Namen Pheidippides ist ein rechter Nichtsnutz, dessen Liebe zum Pferdesport den Alten an den Ruin gebracht hat. Dieser sinnt auf Rettung und findet einen Ausweg: In dem Phrontisterion, der „Denkerbude", nebenan hausen zwei bleiche, barfuß gehende Käuze, Sokrates und Chairephon — von dem in anderem Zusammenhang noch die Rede sein wird —; über sie erzählte man sich, daß sie sich nicht nur auf die Himmelskunde verstünden, sondern auch auf die Kunst, einen Prozeß, ob krumm oder gerade, zu gewinnen. Da Pheidippides sich weigert, muß Strepsiades selbst den Gang in das Sokrates-institut antreten und stößt dort auf absonderliche Dinge: Man mißt die Länge eines Flohsprungs, sucht nach einer Erklärung für das Summen der Schnake, erforscht das Erdreich, treibt Feldmeßkunst und Sternenkunde, wofür Himmelsglobus und Erdkarte zur Verfügung stehen. Und mittendrin befindet sich der Weise, der, in einer Hängematte schwebend, die Sonne beobachtet. Als Strepsiades, von so vielen Seltsamkeiten über-wältigt, die Götter anruft, fährt ihn Sokrates hart an, in seinem Institut gälten keine Götter; statt dessen werden zwecks re-ligiöser Aufklärung die Wolken beschworen (nach denen das Stück seinen Namen hat). Doch nicht um des vermeintlichen Naturphilosophen Sokrates willen ist Strepsiades in die „Denkerbude" gegangen, vielmehr soll sein Sohn Pheidippides dort das erfolgreiche Prozessieren lernen, eine Kunst, die zu vermitteln sich die Sophisten erboten. In die Sokratesfigur der Aristophanischen „Wolken" sind demnach zwei recht ver-schiedene Geistesströmungen seiner Epoche eingeflossen: das durch Anaxagoras verkörperte naturwissenschaftliche Denken und die auf Beherrschung der gesellschaftlichen Praxis zielende Lehre der Sophisten; an beiden Entwicklungslinien hatte So-krates teil, mit keiner von beiden ist er jedoch zu identifizie-ren.

Der weitere Gang der „Wolken" ist rasch erzählt. Pheidippides, der bald die Stelle seines für den sophistischen Unterricht durchaus ungeeigneten Vaters einnehmen muß, erweist sich als ein höchst gelehriger Schüler, der ganz damit einverstanden ist, wenn im Streitgespräch des Logos dikaios (der gerechten Rede) mit dem Logos adikos (der ungerechten Rede) der Repräsentant der neuen, von moralischen und juristischen Skrupeln nicht angefochtenen Zeit über den Fürsprecher altüberkommener Zucht und Frömmigkeit den Sieg davonträgt. Ja, Strepsiades bekommt selbst die Früchte der neumodischen Erziehung zu spüren; denn dank der ihm zuteil gewordenen Unterweisung verprügelt Pheidippides den eigenen Vater zum Entgelt für die Schläge, die er in seiner Kindheit von jenem empfing. Der Denkzettel verfehlte seine Wirkung nicht; Strepsiades erkennt den falschen Weg, den er einschlug, bereut sein Handeln und steckt das Phrontisterion in Brand als gerechte Strafe für die Gottlosigkeit seiner Insassen.

Es liegt auf der Hand, daß das Sokratesbild der „Wolken" im

Entscheidenden nicht der Wirklichkeit entsprach. Es reflektierte vielmehr die Auffassungen, Vorstellungen und Vorurteile, die bei den Durchschnittsathenern und insbesondere bei der bäuerlichen Bevölkerung gegenüber den neuaufgekommenen wissenschaftlichen, philosophischen und pädagogischen Bestrebungen bestanden, wobei offenkundig zwischen den verschiedenen Richtungen kaum differenziert wurde. Andererseits enthält dieses Bild trotzdem auch manche Sokratischen Züge: Es spiegelt die asketische Lebensform des Abgehärteten, zeigt ihn gesprächsbereit gegenüber dem einfachen Bauern (den die anspruchsvollen Sophisten von vornherein als Partner abgelehnt haben würden), und auch die naturwissenschaftlichen Studien, mit denen Sokrates verbunden wird, brauchen uns nicht zu befremden, bestätigt sich uns doch nur, was wir über Sokrates' Beziehungen zu Archelaos und sein Verhältnis zu der Nuslehre des Anaxagoras feststellten. Daß Aristophanes mit seiner Darstellung Sokrates habe ernsthaft schaden wollen, ist nicht wahrscheinlich; einer solchen Annahme widerspricht auch die Schilderung, die Platon im „Gastmahl" von der Begegnung der beiden Männer anläßlich des Gelages gibt, zu welchem der Tragödiendichter Agathon nach seinem ersten Sieg im dramatischen Wettkampf 416 eingeladen hatte. Die dichterische Freiheit, die sich Aristophanes zubilligte, macht allerdings sichtbar, daß er sich mit Sokrates' philosophisch-pädagogischen Anliegen weder gründlich beschäftigt hatte noch sonderlich daran interessiert war, wie er denn auch auf die Sokratesgestalt in späteren Werken nur andeutungsweise zurückgegriffen hat. Unbestreitbar bleibt dagegen, daß sein Komödienspiel, mag dem Autor eine solche Absicht auch noch so ferngelegen haben, sich für Sokrates persönlich nachteilig auswirkte. Es entstand ein Mythus um die Person des Sokrates, der diesen uneingeschränkt mit allen Neuerungen verband, welche die athenische Gesellschaft erschütterten, und es ermöglichte, Sokrates zum Sündenbock abzustempeln für alle Folgen, die aus der Poliskrise resultierten. Die Denunziation von 399 und in deren Ergebnis die Verurteilung des Sokrates demonstrieren, daß dieser Mythus ein Vierteljahrhundert lang am Leben blieb und, sofern nur ein Interesse daran bestand, alsbald effektiv aktiviert werden konnte.

Sokrates und die Sophistik

Die Sokratesfigur der Aristophanischen „Wolken" bewies, daß die öffentliche Meinung Athens den Philosophen und seine Lehre in enger Verbindung mit der sophistischen Bewegung sah, ja ihn dieser geradezu zurechnete. Um Klarheit zu gewinnen, müssen wir daher fragen: Wer waren und was wollten die Sophisten, in welche Verbindung kam Sokrates zu ihnen, welche Position nahm er ihnen gegenüber ein?

Erwachsen ist die Sophistik, die „Weisheitslehre", aus den Bedürfnissen der athenischen Demokratie. Die Teilnahme der Gesamtheit der freien Bürger am Staatsleben forderte mit Notwendigkeit die Ausbildung der Fähigkeit zum öffentlichen Auftreten, zur politischen Rede, zum sachlichen Disput. Aber auch das private Leben des attischen Bürgers ließ die Befähigung zu klärendem Vortrag und überzeugender Rede als wünschenswert erscheinen; denn einmal konnte jeder unbescholtene Athener, der das dreißigste Lebensjahr überschritten hatte, als Geschworener fungieren, zum anderen aber betrieb man im klassischen Athen das Prozessieren mit Leidenschaft, als Agon, als geistigen Wettstreit. Unter solchen Voraussetzungen fanden die Sophisten, die – ebenso wie übrigens Sokrates – davon ausgingen, daß nicht nur Weisheit, Wissenschaft und praktische Fertigkeiten, sondern auch die Arete, die persönliche Vollkommenheit, lehrbar seien, lebhaften Widerhall, wenn sie sich erboten, durch ihren Unterricht die schwächere Position zur stärkeren zu machen – im öffentlichen wie im privaten Leben, wo immer die Mittel der Rhetorik eingesetzt werden konnten. Die zeitgenössischen Gegner der Sophisten, voran Platon, haben ihnen von einem solchen Anerbieten her Unmoral vorgeworfen und dazu beigetragen, daß das Wort Sophist bis heute einen anrüchigen Beigeschmack hat. Mit dieser Einseitigkeit wird man jedoch der Sophistik in keiner Weise gerecht. Nachdem die Ionier den Kosmos und die Natur als Objekt der philosophischen und wissenschaftlichen Forschung entdeckt hatten, wurde es zum entscheidenden Verdienst der Sophisten, daß sie die Aufmerksamkeit auf Mensch und Gesellschaft lenkten, und zwar von einem vorwärts-weisenden Standpunkt aus, der uns bereits in anderem Zusammenhang veranlaßte, die Bewegung als aufklärerisch zu bezeichnen. Bedauerlicherweise sind uns die Schriften der Sophisten nur fragmentarisch erhalten, so daß wir ihre Lehren im wesentlichen aus Platon, ihrem erbitterten Gegner, erschließen müssen. Die bedeutendsten Vertreter der Sophistik sind allesamt in ihrem Lebensgang mit Athen verbunden gewesen und waren Zeitgenossen des Sokrates. Sie wirkten daher ebenso notwendig auf ihn ein, wie er sich mit ihnen auseinandersetzen mußte.

Protagoras, um 485 im thrakischen Abdera geboren, führte das Leben eines wandernden Lehrers der Redekunst und der Wissenschaften. Seine Schriften mit dem berühmten Homomensura-Satz „Der Mensch ist das Maß aller Dinge" berührten philosophische Kritik, Mathematik, Medizin. Obgleich die Konservativen seine Lehren als zersetzend ansahen — in Athen soll man ihm sogar wegen Asebie den Prozeß gemacht haben —, gewann Protagoras an Einfluß und Ansehen; die neugegründete Stadt Thurioi im griechisch kolonisierten Unteritalien betraute ihn im Jahre 444, ihre Verfassung und ihre Gesetze zu entwerfen. In Athen hat sich Protagoras mehrfach aufgehalten, um die Jahrhundertmitte gehörte er zum Freundeskreis des Perikles. Der nach dem Sophisten benannte Dialog Platons fällt in die Zeit kurz vor Ausbruch des Peloponnesischen Krieges. Protagoras hielt sich damals im Hause des bereits genannten Kallias auf, in welchem der noch jugendliche Sokrates mit dem älteren Sophisten über das Wesen der Bildung, der Paideia, disputierte; den von Platon gebotenen Reden kommt dabei im einzelnen kaum Authentizität zu. Der Dialog bezeugt indes den persönlichen Kontakt des Sokrates zu dem großen Sophisten, mit dem ihn das Ziel verband, politische Bildung zu vermitteln, während er sich zu dem aufklärerischen Rationalismus des Gesprächspartners nicht durchzuringen vermochte.

Zeitgenosse des Protagoras, den er jedoch um Jahrzehnte überlebte — er soll mehr als hundert Jahre alt geworden sein —, war Gorgias aus Leontinoi in Sizilien, der, Theoretiker und Praktiker der Redekunst zugleich, entscheidend zur Ausprägung der griechischen Kunstprosa beitrug und trotz der Kritik Platons auf einen breiten Schülerkreis, aber auch auf den Dramatiker Euripides einwirkte. In philosophischer Hinsicht nahm Gorgias

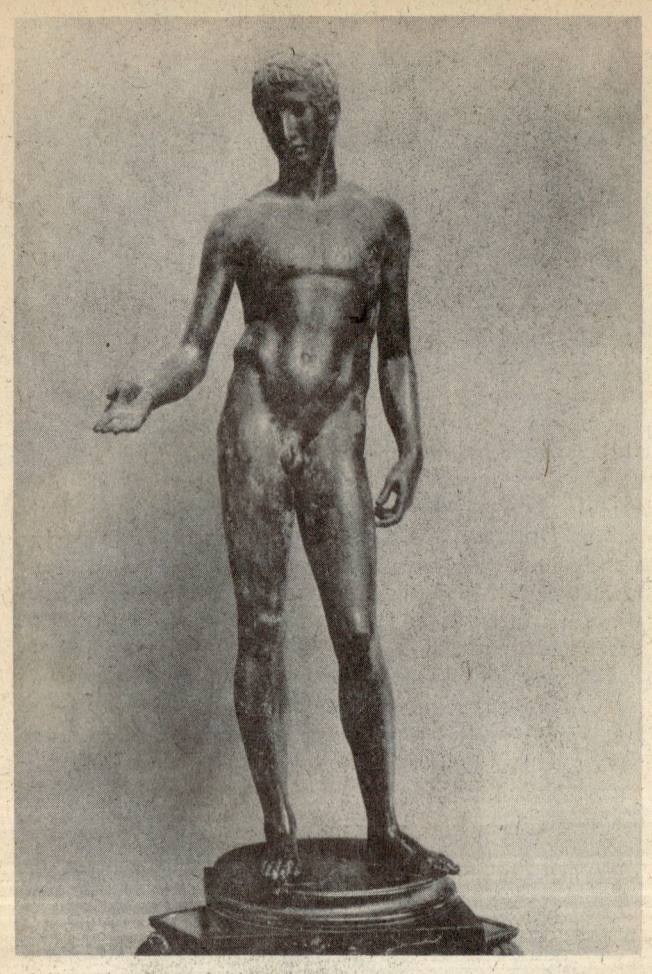

Idolino. Florenz, Archäologisches Museum

weithin den späteren Skeptizismus vorweg. In der ersten Phase
des Peloponnesischen Krieges, im Sommer 427, kam er als
Sprecher einer Gesandtschaft von Leontinoi, die um militärische Hilfe bat, nach Athen. Hier rief er durch seine Kunst und
seine Lehre ungewöhnliches Aufsehen hervor, und es ist kaum

vorstellbar, daß ihn Sokrates nicht gehört haben sollte. Von einer Rede auf die im Kriege Gefallenen, die anscheinend zu griechischer Eintracht im Kampfe gegen den persischen Erbfeind mahnte, sind nur Bruchstücke erhalten. Sie gehört offenkundig zu den rhetorischen Leistungen, die Gorgias gegen hohes Honorar an zahlreichen Orten Griechenlands erbrachte. Dem schlichten, in seiner Armut unbestechlichen Sokrates muß der anspruchsvolle Sophist mit seinem affektierten Auftreten zuinnerst zuwider gewesen sein.

Aber auch zu dem der nächsten Generation zugehörigen Hippias von Elis (Peloponnes), der mit greifbarer mathematischer Leistung in unsympathischer Weise den Anspruch verband, alles zu wissen und alles zu können — bis hin zur Anfertigung seiner Kleidung und seines Schuhwerkes —, wird Sokrates kaum engeren Kontakt gehabt haben. Begegnet ist er ihm freilich oft; denn Hippias war des öfteren in diplomatischer Mission für seine Vaterstadt tätig und nutzte solche Gelegenheiten, um, im Purpurmantel auftretend, gegen beträchtliches Entgelt mit Prunkreden, in denen er seine Ideale der Polyhistorie und der Pansophie propagierte, sein Auditorium zu bezaubern. In Athen trug er im Hause des Kallias vor, dessen wir bereits mehrfach zu gedenken hatten, sowie in der Schule des Pheidostratos, einer sonst unbekannten Bildungsstätte. Sokrates disputierte mit Hippias und demonstrierte dabei die Überlegenheit der ihm eigenen Dialektik. Als nämlich Hippias Sokrates' Lehrweise verspottete: „Du redest ja noch immer dasselbe, was ich schon seit eh und je aus deinem Munde vernommen habe", erwiderte dieser: „Mehr noch, ich behandle auch immer den gleichen Gegenstand. Du dagegen als ein gelehrter Mann sagst wahrscheinlich über den gleichen Gegenstand niemals dasselbe." Hippias, der den Fallstrick nicht bemerkte, erwiderte selbstgefällig: „Ich bemühe mich allerdings, immer etwas Neues auszusagen", worauf Sokrates antwortete: „Wenn dich also jemand zum Beispiel danach fragte, wie viele und welche Buchstaben das Wort ‚Sokrates' bilden, dann versuchst du, ihm heute die und morgen eine andere Antwort zu geben?" (Xenophon, Erinnerungen 4,4,6f.) Auch die beiden nach Hippias benannten Platondialoge suchen von dieser Seite her den Großsprecher zu verspotten.

Fruchtbarer gestaltete sich das Verhältnis zu Prodikos, den die Überlieferung zu einem Schüler des Protagoras gemacht hat.

Seine Heimatpolis, die dem Kap Sunion vorgelagerte Insel Keos, entsandte ihn in Staatsangelegenheiten nach Athen, und wie schon Gorgias und Hippias verknüpfte auch Prodikos die politischen Aufgaben mit der Lehrtätigkeit. Mit den übrigen Sophisten verbanden ihn pädagogisches Talent und die Forderung nach Honorar, in seinen Konzeptionen vertrat er dagegen konservative Positionen, in denen er sich dem Sokrates annäherte. Mit seiner strengen Begrifflichkeit hat er offensichtlich auf Sokrates Einfluß geübt, der ja gleichfalls auf Definitionen und klare Gegenstandsbestimmungen großen Wert legte. Weiter galt sein Interesse der Ethik; in sein einschlägiges Lesebuch „Die Horen" nahm Prodikos die Geschichte von Herakles am Scheideweg auf, in der sich der jugendliche Held nicht für die gleisnerischen Worte der Lust, sondern für den beschwerlichen Weg der Tugend entscheidet. Prodikos hat diesen Lobpreis des Herakles an mehreren Orten mit starkem Widerhall vorgetragen, Sokrates hat ihn aufgenommen und in seinen eigenen Lehrgesprächen verwendet (Xenophon, Erinnerungen 2,1,21 ff.); in der Weltliteratur hat das Motiv, später auch in verchristlichter Gestalt, bis in die Neuzeit gewirkt. Unter solchen Voraussetzungen konnte sich Sokrates gelegentlich als des Prodikos Schüler bezeichnen. Beide Männer verkehrten in den gleichen gesellschaftlichen Kreisen Athens, und die Nachricht ist sicher richtig, daß Sokrates eigene Schüler dem Prodikos zuführte.

Aus dem Vorgetragenen wird deutlich, daß Sokrates durchaus nicht, wie das unter dem Einfluß Platons häufig behauptet worden ist, als Gegenpol zu der Sophistik angesehen werden darf. Sein induktives Vorgehen, das durch Verallgemeinerung des Einzelnen zum Wesen der Dinge vorzudringen suchte, die Entwicklung kritischen Bewußtseins durch seine Methode des Fragens, Diskutierens und Widerlegens, seine Nutzung von Vernunftschlüssen, um den Gesprächspartner durch sich selbst zu Einsichten gelangen zu lassen, alle diese rationalen Elemente in seinem Philosophieren rücken Sokrates in die nächste Nähe der Sophistik. Gleiches gilt für die Erziehungsgrundsätze des Atheners; denn nicht anders als die Sophisten ging Sokrates in seinem pädagogischen Optimismus davon aus, daß jedermann befähigt sei, durch Belehrung und Übung seine Naturanlagen optimal auszubilden. Freilich gab es hinsichtlich des Erziehungszieles eine entscheidende Differenz. Die Sophisten, die für

Geld lehrten, was Sokrates strikt zurückwies, wollten Wissen und Erkenntnis nicht um ihrer selbst willen vermitteln, sondern um den Unterrichteten in die Möglichkeit zu versetzen, „die schwächere Position zur stärkeren zu machen", wie Protagoras es formuliert hatte. Das heißt, ihre Lehre sollte das äußere Vorwärtskommen in der Umwelt der Polis erleichtern; denn sie hatten die Relativität und historische Bedingtheit rechtlicher und ethischer Normen erkannt und aus dieser Einsicht praktisch-utilitaristische Schlußfolgerungen gezogen. Sokrates dagegen hatte solche Erkenntnisse nicht aufgenommen, sondern hielt an seinem metaphysischen Wahrheitsbegriff fest, den er religiös begründete; wer aber das Rechte erkannt habe, müsse notwendigerweise auch recht handeln. Entschieden widersetzte sich Sokrates ferner der religiösen Aufklärung der Sophisten. Die altattische Weltanschauung erschien ihm ebenso selbstverständlich wie notwendig, das heißt die Verehrung der in den Staatskult aufgenommenen Gottheiten und die Einhaltung der mit diesem verbundenen Opfer, aber auch der Glaube an Weissagungen, Träume und Vorzeichen. Unter solchen Umständen gewinnt der bekannte delphische Orakelspruch einen gewichtigen Hintergrund, den Sokrates' Schüler Chairephon auf seine Frage erhielt, ob jemand edler, gerechter und weiser sei als der Meister (Xenophon, Apologie 14). Denn das Nein der Pythia mußte dem Manne, der dem Orakel von Delphi und seinen Grundsätzen fromm ergeben war, eine Bestätigung seines bisherigen Wirkens bedeuten und zugleich zum Ansporn werden, den eingeschlagenen Weg der Menschenprüfung unbeirrt fortzusetzen. Und schließlich glaubte Sokrates an die ihm innewohnende göttliche Stimme, die ihn von Jugend auf ungefragt beriet und ihn vor Fehlentscheidungen warnte; er nannte sie Daimonion, das Göttliche, was man häufig mißverständlich mit „Gewissen" übersetzt hat. Beim Prozeß gegen den Siebzigjährigen sollte dieses Daimonion noch eine bedeutsame Rolle spielen. Es darf im übrigen als ein Zeugnis Sokratischer Religiosität gewertet werden: Die Gottheit, die bald im Singular, bald polytheistisch im Plural verstanden wird, ist der Geber des Guten, verkörpert moralische Prinzipien; der Mythus mit seinen anthropomorphen Göttergestalten ist Sokrates bereits sehr ferngerückt.

Sokrates' Schüler

Sokrates, der, um mit Cicero zu reden, die Philosophie vom Himmel herab- und auf das Gemeinschaftsleben hingeführt hatte (Cicero, Academica posteriora 1,4,15), der weiter seinen Beruf in der Menschenprüfung erkannte, wandte sich vorzugsweise an junge Männer, die er, bewußt an das sinnliche Element des Eros anknüpfend, durch Seelenführung in täglichem Umgang und Gespräch im vollen Sinne zu bilden suchte. Wer nun waren jene jungen Leute, die der häßliche Alte mit der stumpfen Nase, den hervorquellenden Augen, den wulstigen Lippen, dem ungepflegten Bart und dem dicken Bauch, der sich selber mit einem Silen, einem zweibeinigen Mischwesen zwischen Mensch und Tier, verglich (Xenophon, Gastmahl 5,7), derart faszinierte? Einige unter ihnen kennen wir nur dem Namen nach, andere gehören als historische Persönlichkeiten zur Prosopographie ihrer Epoche.

Zuerst sind in diesem Zusammenhang wohl Platon und mehrere Angehörige seiner Familie zu nennen, weil durch Platons Werk das Bild des Sokrates sowie die Vorstellungen von seiner Lehre am stärksten für die Nachwelt geprägt wurden. Platon entstammte der Sklavenhalteraristokratie Athens. Sein Vater fühlte sich als Nachfahre des schon mythischen Kodros, des letzten Königs von Athen, seine Mutter führte ihre Ahnenreihe auf einen Verwandten des Solon zurück. Platons Onkel Kritias (von der mütterlichen Seite her), um 460 geboren, also ein Jahrzehnt jünger als Sokrates, hatte musische Interessen und trat mit Gedichten, Dramen, philosophischen und staatswissenschaftlichen Traktaten hervor, die offenbar durch die Sophistik beeinflußt waren. In seinen jüngeren und mittleren Jahren stand er augenscheinlich in regem Verkehr mit Sokrates, dessen Unterricht er sein Mündel Charmides zuführte. Inwieweit der dezidierte Aristokrat sich Sokrates' Einfluß zugänglich zeigte, ist schwer auszumachen; auf jeden Fall brach die Verbindung ab, nachdem Kritias nach dem Sturz der oligarchischen „Vierhundert" (411) als Feind der Demokratie und Spartanerfreund außer Landes zu gehen genötigt war. In Thessalien

Platon. Ny Carlsberg Glyptothek, Kopenhagen

organisierte der Verbannte einen Aufstand der Penesten
(Heloten) gegen die dortigen Großgrundbesitzer. Nach der
Niederlage Athens im Peloponnesischen Kriege stand er,
Reaktionär und politischer Abenteurer, der er war, an der Spitze
der Dreißig Tyrannen. Gemeinsam mit Charikles, der sich

vordem als Verfechter der Volksherrschaft aufgespielt hatte, brachte er einen Antrag ein, das Lehren der Redekunst zu verbieten. Wenn dieser sich auch primär gegen die Demokraten richtete, so mußte er doch auch Sokrates treffen und würde auf eine eingetretene Entfremdung zwischen den beiden Männern schließen lassen. Kritias fiel 403 im Kampfe gegen die unter Führung des Thrasybulos nach Athen zurückkehrenden geächteten Demokraten.

Kritias' Mündel Charmides führt uns unmittelbar in die Familie Platons; denn Charmides' Schwester Periktione war die Mutter des Philosophen. Das Geburtsjahr des Charmides ist um 440 anzusetzen; der nach ihm benannte Dialog Platons spielt im Jahre 422. Sokrates schätzte die Begabung des jungen Mannes hoch und lenkte ihn, wie bereits vorhin erwähnt, auf das öffentliche Wirken hin. Anfangs zögernd, folgte Charmides diesem Rufe und schlug sich, wie es seiner Herkunft entsprach, auf die Seite der Konservativen. 404 nahm er als Parteigänger des Kritias an dem oligarchischen Umsturz teil, im Jahre darauf fiel er an der Seite des Kritias im Kampf gegen die Demokraten.

Charmides' Neffe Platon, im Jahre 427 geboren, gehörte zwar nicht dem Lebensalter, wohl aber der Weltanschauung nach bereits zur nächsten Generation. Er fühlte sich selbst als ein Spätgeborener, denn die politische Betätigung, zu der er dank Herkunft und Anlage berufen gewesen wäre, war ihm durch die Verhältnisse, wie sie nach dem Ende des Peloponnesischen Krieges in seiner Vaterstadt herrschten, verleidet. Die theoretische Arbeit, die sich in der Lehr- und Lebensgemeinschaft der Akademie sowie in seinen Schriften niederschlug, bildete somit den Ausgleich für die gescheiterte öffentliche Wirksamkeit. Daß diese Wendung eintrat, hatte nicht zum letzten Platons Begegnung mit Sokrates hervorgerufen. Denn der Aristokratensprößling, der eine umfassende wissenschaftliche und musische Bildung empfangen hatte, war als Zwanzigjähriger mit Sokrates bekannt geworden und durch acht Jahre hindurch dessen Schüler und Weggenosse gewesen. Unter seinem Einfluß verbrannte er seine Jugendgedichte und begann er seine Dialoge zu schreiben, ohne daß wir mit Gewißheit zu sagen vermögen, ob und welche er bereits zu Lebzeiten des Meisters veröffentlichte. Aufs tiefste beeindruckten Platon der in anderm Zusammenhang bereits erzählte Versuch der Dreißig, Sokrates zu ihrem Spießgesellen zu machen, sowie die ungerechtfertigte Anklage und Verurteilung des Philosophen durch Anhänger der Demokratie, obgleich dieser doch „an der wirklich ruchlosen Verhaftung eines ihrer verbannten Freunde teilzunehmen sich geweigert hatte, zu einem Zeitpunkt, als sie selber das Exil erleiden mußten" (Platon, 7. Brief 325 C). Die überragende Persönlichkeit des Sokrates hat auf Platon sein ganzes Leben lang gewirkt. In allen seinen Dialogen mit Ausnahme des Alterswerkes der „Gesetze" spielt Sokrates die tragende Rolle, und wenn jene Schriften auch je später, je mehr allein Platonisches Gedankengut wiedergeben, so steht doch ebenso außer Zweifel, daß zumindest in den frühen Dialogen die Lehren des Sokrates einen bestimmenden Einfluß ausübten. Sicher ist, daß auch Platons jüngerer Bruder Glaukon zum Sokrateskreis gehörte; inwieweit die antike Überlieferung, die von Lehrtätigkeit und publizierten Dialogen Glaukons wissen wollte, Glauben verdient, muß dahingestellt bleiben.

Sehr viel deutlicher können wir dagegen die Persönlichkeit des Alkibiades (etwa 450–404) fassen. Auch er vermochte seine Herkunft weit zurückzuführen; während Platon und die Angehörigen seiner Familie indes das konservative Weltbild und die darauf gegründete Lebensführung weitgehend bewahrten, emanzipierte sich Alkibiades von diesen Bedingungen wie auch von den Bindungen der Polis und entwickelte sich, indem er den sophistischen Individualismus bis zum Exzeß steigerte, zum hemmungslosen Machtmenschen, der seine geniale Begabung und seinen Einfluß auf die Massen allein in den Dienst seines Geltungsbedürfnisses stellte. Da sein Vater früh verstarb, wuchs Alkibiades im Hause seines Onkels und Vormundes Perikles auf und kam dann irgendwie in Verbindung zu Sokrates. Diese Kontakte wurden jedoch immer lockerer, seit Alkibiades in seine politische Karriere eingetreten war, die den prinzipienlosen Abenteurer im Verlaufe des Peloponnesischen Krieges bald zu den extremen Demokraten, bald zur Partei der Spartanerfreunde, ja sogar auf die Seite des Feindes, von dieser wieder in die Heimatstadt Athen und endlich in die Verbannung und den Tod durch politischen Meuchelmord führte. Daß Alkibiades durch das Zusammenleben mit Sokrates auf seinen abenteuerlichen Weg gebracht worden sei, wäre absurd anzunehmen; bei dem Prozeß des Sokrates machten ihm indes seine Gegner den mißratenen Schüler zum Vorwurf, während im Allgemeinbewußtsein die gegenseitigen Beziehungen der

Alkibiades. Paris, Louvre

beiden Männer bereits vergessen waren.

Aus altem Athener Adel stammte auch Hermogenes. Offenbar hatte dieser durch betrügerische Finanzmanipulationen sein väterliches Vermögen ganz oder zu wesentlichen Teilen eingebüßt. Er gehörte bis zu dessen Tode zu den treuesten Anhängern des Sokrates, ohne durch bemerkenswerte eigene geistige Leistungen hervorzutreten.

Schließlich aber haben wir Xenophon (um 430–354) zu nennen,

dem wir entscheidende Nachrichten über Sokrates' Wirken verdanken. Auch er stammte aus einer vermögenden Aristokratenfamilie Athens und wurde in den Denkweisen und Vorstellungen seiner Klasse erzogen. Gegen Ende des Peloponnesischen Krieges und zur Zeit der Dreißig Tyrannen wird er in der athenischen Reiterei Dienst getan haben, um sich dann für eine Zeitlang dem Kreise um Sokrates anzuschließen, in dem er weit eher weltmännische Bildung als philosophische Vertiefung suchte. Doch mochte er auch die ethischen und pädagogischen Anliegen des Meisters nicht voll erfassen, so beeindruckte ihn jedenfalls aufs stärkste die Persönlichkeit des wunderlichen Mannes, der ihm, dem so viel Jüngeren, vertrauter Freund geworden war. Freilich hielt er sich nicht an die patriotischen Einwände des Sokrates, als er eingeladen wurde, an den Aktionen des persischen Königssohnes Kyros gegen seinen Bruder, den regierenden Großkönig, teilzunehmen, die im Endergebnis Xenophon auf die spartanische Seite führten und ihn 394 nötigten, gegen seine Heimatstadt zu kämpfen. Die Muße auf seinem peloponnesischen Landgut Skillus, das ihm die Spartaner als Dotation übergaben, ermöglichte Xenophon in den folgenden Jahren eine literarische Betätigung, die viele Lebensbereiche berührte. In den literarischen Streit um Sokrates, der nach dessen Hinrichtung geführt wurde, griff Xenophon mit Veröffentlichungen ein, die er später als „Erinnerungen an Sokrates" zusammenfaßte. Im Anschluß an Platon schrieb er sein „Gastmahl", das freilich weit weniger an philosophischen Aussagen interessiert ist, als daß es ein Symposion schildert, wie es in einem athenischen Aristokratenhause tatsächlich hätte stattgefunden haben können.

Über andere Schüler und Freunde des Sokrates sind wir nicht so gut unterrichtet, kennen zumeist nur ihre Namen als Gesprächsteilnehmer Platonischer Dialoge oder als Partner in Berichten Xenophons. Doch dürfen wir wohl mit Gewißheit annehmen, daß sie alle, Euthydemos mit dem Beinamen der Schöne, Kriton und Kritobulos, die Brüder Chairephon und Chairekrates, Aristodemos und Apollodoros, Phaidros und Menexenos, der gleichen gesellschaftlichen Oberschicht zugehörten wie jene vorgenannten, von denen uns diese Zugehörigkeit ausdrücklich überliefert ist. Zwei Ausnahmen sind indes sicher faßbar: Aischines und Antisthenes.

Aischines aus dem athenischen Stadtbezirk Sphettos war von

Haus aus arm und kam nach dem Tode des Sokrates, dem er in seinen letzten Stunden Beistand leistete, in schlimme geldliche Bedrängnis, bis er durch den sogleich zuerwähnenden Aristippos oder auch durch Platon dem Tyrannenhofe im sizilischen Syrakus anempfohlen wurde; nach Athen zurückgekehrt, wirkte er als Redelehrer und Verfasser von Dialogen, die Sokratisches Gepräge tragen. Auch Antisthenes gehörte zu denjenigen, die beim Tode des Sokrates zugegen waren. Sohn eines athenischen Bürgers und einer thrakischen Sklavin, hatte er, fast eine Generation älter als Aischines, bereits mit den Sophisten Prodikos und Hippias in Verbindung gestanden, als er Sokrates' begeisterter Schüler wurde. Nach dessen Hinrichtung gründete er im Gymnasium Kynosarges eine eigene Schule, die der Kyniker, welche die Sokratische Ethik rezipierte und namentlich die Lehre von der Bedürfnislosigkeit weiterentwickelte; wir werden in anderm Zusammenhang noch darauf zurückkommen.

Aber nicht nur aus seiner Heimatstadt strömten Sokrates Schüler zu. Aus Theben, der Hauptstadt Böotiens, kamen die Brüder Simmias und Kebes und auch Phainondas, von denen wir allesamt nicht mehr als die Namen kennen. Aus der dorischen Handelsstadt Megara, halbwegs zwischen Athen und Korinth gelegen, sind uns zwei Sokratesschüler bekannt, Terpsion und Eukleides, die zusammen zu dem gefangenen Sokrates reisten, um ihm die Flucht nach Megara vorzuschlagen. Bekanntlich lehnte Sokrates ab; nach seinem Tode wurde Megara jedoch zum Sammelplatz gefährdeter Sokratesschüler und zum Sitz der von Eukleides gegründeten megarischen Schule, die sich an Sokrates, aber auch an den Eleaten orientierte, deren Seinslehre sie mit der Sokratischen Ethik zu verbinden suchte — Terpsion blieb ihr fern. Aus der peloponnesischen Landschaft Elis stammte Phaidon, nach dem Platon einen seiner Dialoge benannte. Der Abkömmling eines Adelsgeschlechtes war einer Überlieferung zufolge in die Sklaverei verkauft worden und erhielt auf Veranlassung des Sokrates durch einen von dessen wohlhabenderen Schülern die Freiheit; nach dem Tode des Meisters kehrte er in seine Heimat zurück und lehrte Philosophie, wobei offenbar im Sinne des Sokrates die Ethik im Mittelpunkt stand. Und selbst bis ins nordafrikanische Kyrene vermochte Sokrates zu wirken. Von dorther kam Aristippos, auf den Sokrates' Persönlichkeit starken Einfluß übte, ohne daß er sich jenes Lehren bedingungslos anschloß. Schon zu Lebzeiten des Sokrates gab sein weltmännischer Lebensstil Anlaß zur Kritik; später entwickelte Aristippos seine eigene Lehre, derzufolge die Hedone, die mit dem Guten gleichgesetzte Lust, als das allein Erstrebenswerte zu gelten habe. Sie wurde zum Grundthema der kyrenäischen Schule.

Diese prosopographische Übersicht darf nun freilich nicht zu der Annahme verleiten, als habe Sokrates allein den Umgang mit Reichen und Aristokraten gesucht; im Gegenteil bezeugen ja die uns überlieferten Gespräche, daß er sich in den zahlreichen Handwerken, die im Athen seiner Zeit betrieben wurden, recht gut auskannte und mit seinen Schülern die Werkstätten aufsuchte, in denen er die Gegenstände und die Teilnehmer für seine Unterredungen fand, mögen uns deren Namen und Familien auch weniger gut bekannt sein als die der hellenischen Oberklasse. Immerhin besteht Grund zu der Annahme, daß jene Abkömmlinge der Herrenschicht auch im Kreise des Plebejers Sokrates den Ton anzugeben suchten, so daß dieser bei Außenstehenden und Übelwollenden unschwer in den Ruf kommen konnte, er paktiere mit jenen antidemokratischen Kräften.

Schusterwerkstatt. Amphora

Sokrates' Ehe und Familie

Über Sokrates' Ehe ist im Altertum und in der Neuzeit viel geschrieben und noch mehr gefabelt worden. Um sie verstehen und einschätzen zu können, muß man von den athenischen Gegebenheiten seiner Zeit ausgehen. In diesen war die Ehe weit weniger eine auf gegenseitige Zuneigung der Partner aufgebaute Lebensgemeinschaft als vielmehr eine Institution zur Erzeugung legitimen Nachwuchses im Dienste des physischen Fortbestandes der Gesellschaft. Der Befriedigung erotischer Bedürfnisse dienten die Päderastie (Knabenliebe), gegen deren einseitig sexuelle Ausprägung sich Sokrates mit viel Ironie wandte, sowie das Hetärentum; im Unterschied zu den Ehefrauen verfügten in Athen zumindest die bessergestellten Hetären über eine höhere Bildung und vermochten in der Öffentlichkeit eine mitunter einflußreiche Rolle zu spielen — so die Hetäre Theodote, die spätere Geliebte des Alkibiades, die auch Sokrates ins Gespräch zog. Unter solchen Voraussetzungen war es nichts Ungewöhnliches, daß Sokrates offenbar erst in sehr vorgerücktem Alter geheiratet hat. Als der Siebzigjährige vor Gericht stand, war der älteste seiner drei Söhne, Lamprokles, ein junger Mann, während die beiden jüngeren, Sophroniskos und Menexenos mit Namen, sich noch im Knabenalter befanden. Eine ihres Vaters würdige Rolle haben nach dessen Tode alle drei nicht gespielt.

Über Herkunft, Familie, Auferziehung und Lebensumstände der sprichwörtlich gewordenen Xanthippe, Sokrates' Gemahlin, ist uns nichts Zuverlässiges überliefert; ihrem Namen nach („die Falbe") — auf Pferde bezügliche Namen begegnen vornehmlich unter dem Adel — könnte sie von vornehmer Abstammung gewesen sein. Augenscheinlich führte sie das normale Leben Athener Ehefrauen; sie war ans Haus gebunden, versorgte und erzog ihre Kinder, während ihr an den Interessen, Gesprächen und dem öffentlichen Auftreten ihres Mannes kein Anteil gewährt wurde. Daß sie diesen, als er verhaftet und ins Gefängnis gebracht worden war, mit Lebensmitteln versorgte, entspricht sicher den Tatsachen. Nach all dem ist schon in der Antike Sokrates der Vorwurf gemacht worden, er habe seine Familie vernachlässigt; dieser Vorwurf ist nur bedingt berechtigt, verhielt sich doch Sokrates nicht anders, als das zu seiner Zeit in Athen allgemein Brauch war.

Angesichts einer derart farblosen Überlieferung, konnte die Gestalt der Xanthippe unschwer als Gegenfigur Verwendung finden, sobald sich — und das geschah schon sehr früh — eine Sokrateslegende herausbildete, die, um das Bild des Weisen um so lichter erstrahlen zu lassen, einer solchen Gegenfigur unerläßlich bedurfte. Xanthippe hatte nach dieser Legende einen schwierigen und zänkischen Charakter — ein Faktum, das, da es auch schon bei Xenophon und Platon herausgehoben wird, historisch sein mag —, doch Sokrates vermochte dank seiner Schlagfertigkeit selbst aus der unwürdigsten Situation, in die ihn Xanthippe offenbar bisweilen gebracht hat, als Sieger hervorzugehen oder aber doch wenigstens als Muster stoischen Gleichmuts. Damit ist bereits der Name derjenigen Philosophenschule genannt, die sich neben dem Sokratesschüler Antisthenes vor allem der Gegenfigur Xanthippe bediente: die Stoa. Um 300 v. u. Z., also ein ganzes Jahrhundert nach Sokrates' Tode, trat diese Schule in Athen ins Leben, benannt nach ihrem Sitz, der „Stoa poikile" („Bunte Halle"), und verkündete das Lebensideal der Apatheia, der Gelassenheit und Unerschütterlichkeit gegenüber inneren und äußeren Anstößen, für das ihr das Beispiel des weisen Sokrates sehr gut zupaß kam.

Von einer zweiten Frau des Sokrates namens Myrto ist auch noch in der antiken Tradition die Rede, wobei die einen von einer früheren Ehe vor der Verheiratung mit Xanthippe reden, die anderen von offener Bigamie und sich zur Rechtfertigung auf einen angeblich während des Peloponnesischen Krieges gefaßten Volksbeschluß beriefen, der den Athenern in der Not des Krieges zwei Frauen legitim gestattet habe. Irgendeine historische Bedeutung kommt dieser phantastischen, durchweg späten Überlieferung nicht zu.

So bleibt, aufs Ganze gesehen, das Kapitel „Sokrates' Ehe und Familie" recht unergiebig. Diese Unergiebigkeit hat ihren Grund zum einen in den athenischen Verhältnissen des 5. Jahrhunderts, wie wir sie darlegten, zum anderen aber in den persönlichen Verhältnissen des Sokrates, der Gattin und Söhne ebenso wie Beruf und Erwerb zurücktreten ließ, um sich ganz dem Umgang mit den Freunden und Schülern bei der gemeinsamen Suche nach der Wahrheit widmen zu können.

Grabstele der Theano. Athen, Nationalmuseum

84

Sokrates' Prozeß

Sokrates hat — wir betonten es bereits — nichts veröffentlicht, seine Lehren und Auffassungen waren nur denen vertraut, die mit ihm längeren Umgang gepflogen hatten, und wurden auch in diesem seinem Schüler- und Freundeskreis unterschiedlich gedeutet. In der Athener Öffentlichkeit galt er daher weithin als weltfremder, wiewohl nicht ungefährlicher Spintisierer und Sonderling, dem man, wie das Beispiel des Komödiendichters Aristophanes deutlich werden ließ, Ansichten unterschieben konnte, die von den seinigen weit entfernt waren, ja ihnen sogar gänzlich entgegenstanden. Hinzu kam der Umstand, daß zum Kreise des Sokrates Abkömmlinge vornehmer Aristokratenfamilien aus Athen und anderen Teilen Griechenlands gehörten, deren antidemokratische Auferziehung notorisch war; unter ihnen befand sich der politische Abenteurer Alkibiades, dessen Beurteilung schon zu seinen Lebzeiten nach beiden Extremen hin schwankte. So geriet Sokrates, sosehr er sich auch bemüht hatte und bemühte, seiner geliebten Vaterstadt nach besten Kräften zu dienen, allmählich in den Ruf, ein Feind der Demokratie zu sein. Eine solche Einschätzung wurde für ihn zur akuten Gefahr, als nach der Schreckensherrschaft der Dreißig Tyrannen, welche die Kräfte der Reaktion um allen politischen und menschlichen Kredit gebracht hatte, im Jahre 403 durch Thrasybulos und seine Genossen die demokratische Verfassung wiederhergestellt worden war.

Dabei nützte es Sokrates wenig, daß er während der Herrschaft der Dreißig unter Gefahr seines Lebens, wie wir oben berichteten, gegen den Terror Widerstand geleistet hatte, während ihm andererseits die Teilnahme des Xenophon an der Aktion des Perserprinzen Kyros gegen seinen Bruder, den Großkönig Artaxerxes II., in den Wertungen des Demos Abbruch tun mußte. Der Aristokratensprößling Xenophon war nach dem Umsturz zu Sokrates gestoßen, nach verwertbaren Kenntnissen und praktischer Bildung strebend und im übrigen auf seine Stunde wartend. Diese Stunde schien ihm schon bald gekommen zu sein, als ihn nämlich die Einladung seines

Freundes Proxenos erreichte, an der Expedition des Kyros teilzunehmen, welcher allgemein als ein Feind Athens galt. Sokrates unterließ es daher nicht, den um Rat fragenden Xenophon an seine patriotischen Verpflichtungen zu erinnern, und verwies ihn, da dieser nicht nachgab, an das Orakel des delphischen Apollon; dort holte sich Xenophon, mit Bauernschläue vorgehend, die Antwort, die er brauchte, und brach nach Sardeis in Kleinasien, der Residenz des Kyros, auf. Im übrigen erwiesen sich Sokrates' Warnungen nur allzubald als begründet; der Kyreerzug scheiterte, Xenophon kompromittierte sich gründlich und hat seine Vaterstadt Athen nie wieder betreten.

Sokrates aber hatte die Rechnung für die Verfehlungen seines Freundeskreises zu begleichen; er war die Symbolfigur, gegen die sich die angesammelten Ressentiments des Demos richteten, verbunden gewiß, wie die Antike schon meinte, mit einem guten Schuß Mißgunst, die nicht nur den unbequemen Denker Sokrates, sondern Philosophen und Männer der Wissenschaft insgesamt betraf. Im Jahre 399 wurde Sokrates bei dem Archon Basileus, dem für Religionsvergehen zuständigen Oberbeamten, wegen Religionsfrevels und Jugendverführung angeklagt; die Anklage vertrat Meletos, sie wurde von Lykon und Anytos mitunterzeichnet, welch letzterer offenbar die treibende Kraft darstellte. Meletos war der Sohn eines Tragödiendichters gleichen Namens, von dem nur geringe Fragmente auf uns gekommen sind; er selber schrieb auch Tragödien, von seinen Werken gibt es ebensowenig eine zuverlässige Überlieferung wie von seinen Lebensschicksalen. Augenscheinlich war er eine wenig bedeutende Persönlichkeit und zur Zeit des Sokratesprozesses wohl noch recht jung; es mag ihm darum geschmeichelt haben, wenn sich einflußreiche Repräsentanten des politischen Lebens seiner als Strohmannes bedienten. Ähnliches hat für den zweiten Ankläger, Lykon, zu gelten. Wegen seiner Armut, wegen der fremden, nämlich rhodischen, Abkunft seiner Frau und nicht zuletzt wegen der dubiosen Rolle, die er bei der Besetzung der mit Athen verbundenen lokrischen Seestadt Naupaktos durch die Spartaner (im Jahre 400) spielte, hatte Lykon mehrfach der Spott der Komödie getroffen. Aber auch Lykons Sohn Autolykos hatte die Aufmerksamkeit der Komödiendichter auf sich gezogen. Als schöner Knabe war er der Liebling des reichen Verschwenders Kallias geworden. 422

Symposion. Stamnos des Smikros

beim großen Panathenäenfeste, das man im Vierjahresturnus zu Ehren der Stadtgöttin in Athen ausrichtete, errang er den Sieg im Pankration, einem Kampfsport, der Ringkampf und Faustkampf verband, und Kallias richtete ihm zu Ehren ein Festmahl aus; diesen Sieg verherrlichte später der Bildhauer Leochares durch eine Statue, während der geistreiche, phantasievolle Komiker Eupolis, von dem uns leider nur Fragmente erhalten sind, in einem 420 aufgeführten Stück das Verhältnis des Kallias zu seinem Günstling aufs Korn nahm —

im Jahre vorher hatte er in seinen „Schmeichlern" die angesehensten unter den Sophisten als Schmarotzer am Tische des bildungsbeflissenen Kallias dargestellt und Sokrates im Unterschied zu jenen als einen geschwätzigen Bettler, der in seiner Redseligkeit das Sattwerden vergaß. Zur Zeit der spartanischen Besetzung Athens nach dem unglücklichen Ausgang des Peloponnesischen Krieges hat dann Autolykos wacker seinen Mann gestanden und seinen Freimut gegenüber den Besatzern mit dem Leben gebüßt.

Doch nun zurück zu dem Initiator der Anklage, Anytos! Dieser gehörte keiner der altaristokratischen Familien an, sondern verdankte seinen Einfluß dem Reichtum, den sein Vater als Lederhändler und Besitzer einer großen Gerberei zusammengebracht hatte. In seinen frühen Jahren stand er, Liebhaber des jugendschönen Alkibiades, zu dem Kreis um Sokrates in Verbindung; dann scheint er sich mit dem Meister, offenbar aus persönlichen Gründen, überworfen zu haben. In der zweiten Phase des Peloponnesischen Krieges fungierte er als einer der Aufseher über die Getreideversorgung in Piräus und — im Jahre 409 — als Befehlshaber eines athenischen Geschwaders, das zum Entsatz der peloponnesischen Hafenstadt Pylos ausgesandt worden war; als Stürme die Rückkehr der Schiffe erzwungen hatten, wurde Anytos des Verrats beschuldigt, in der Verhandlung jedoch freigesprochen. Repräsentant einer gemäßigten Demokratie, wie sie seinem Klasseninteresse entsprach, nahm er am Sturz der Dreißig lebhaften Anteil und gehörte Jahre hindurch zu den führenden Kräften seiner Polis. Die Anklage, die er gegen Sokrates betrieb — teils sicher aus ehrlicher Gegnerschaft gegen den vermeintlichen Ideologen der verhaßten Aristokratie, teils aus persönlicher Abneigung gegen den einstigen Gefährten —, war daher von erheblichem Gewicht, wie der weitere Prozeßverlauf bewies. Spätere Philosophiehistoriker bildeten die Legende aus, daß Anytos wegen seines Vorgehens gegen Sokrates von dem erbosten Volke hernach verbannt und sogar gesteinigt worden sei; dem widerspricht jedoch eindeutig die Tatsache, daß jener 384 zum Archon, zum Mitglied des höchsten Beamtenkollegiums, gewählt wurde.

Die Anklageschrift, die Favorinus, ein Philosoph skeptischer Observanz im 1. Jahrhundert u. Z., noch im Original im Metroon, dem Staatsarchiv, gesehen zu haben behauptet, läßt sich in ihrer Form und ihrer Gedankenführung einigermaßen rekonstruieren: „Meletos, der Sohn des Meletos, aus dem Demos Pithos, klagt Sokrates, den Sohn des Sophroniskos, aus dem Demos Alopeke des Religionsfrevels an. Strafmaß der Tod. Es begeht Sokrates Unrecht, indem er die Götter, welche der Staat anerkennt, nicht anerkennt und darüber hinaus andere, neue Gottheiten einführt; er begeht weiter Unrecht, indem er die jungen Leute verdirbt" (nach Diogenes Laertios 2,40). Der erste Punkt der Anklage hatte seine juristische Fundierung durch einen Volksbeschluß gefunden, den der obenerwähnte bigotte Orakeldeuter Diopeithes in den dreißiger Jahren des 5. Jahrhunderts eingebracht hatte; danach sollte bestraft werden, wer nicht an das Göttliche glaube und die Himmelskörper zum Gegenstand der Forschung mache. Der Beschluß richtete sich zu seiner Zeit gegen Anaxagoras, der denn ja auch die Konsequenz aus der neuen Situation gezogen und sich ins Exil begeben hatte. Er konnte aber genauso auf Sokrates bezogen werden, wie ihn sich der unbedarfte Mann auf der Straße vorstellte; die Komödie hatte ja jene Vorstellungen widergespiegelt. Strafrechtlich nicht faßbar war dagegen das zweite Delikt der Anklage, die Verführung der Jugend.

Die Klage des Meletos und seiner Genossen wurde von dem

Knaben mit Opferrindern. Athen, Akropolismuseum

Archon Basileus angenommen; der führte die Voruntersuchung und berief ein Gericht von 501 Geschworenen ein. Nachdem dieses zusammengetreten, eröffnete, so darf man annehmen, der Ankläger die Verhandlung, um dann Anytos das Wort zu geben. Jetzt war die Reihe an Sokrates. Freunde, voran der vorhin genannte Hermogenes, hatten ihm geraten, sich gründlich auf die Verteidigung vorzubereiten, weil sie wußten, wieviel bei dem athenischen Demos mit einer wohlausgefeilten und mit allen Mitteln rhetorischer Kunst vorgetragenen Rede zu erreichen war; doch der Alte lehnte ab. Er habe sein Leben lang kein Unrecht getan, das sei wohl die beste Verteidigung, und überdies habe, wenn er dennoch mit Vorbereitungen begann, ihn sein Daimonion gehindert, damit fortzufahren; offenkundig sei es ihm bestimmt, jetzt eines leichten Todes zu sterben, damit er vor den Leiden des Greisentums bewahrt bleibe. Doch ungeachtet solcher Reflexionen blieb Sokrates gegenüber den vorgebrachten Anschuldigungen nicht stumm. Aus den verschiedenen Überlieferungssträngen vermögen wir den Gang der Verhandlung einigermaßen zu rekonstruieren; dabei wird zugleich sichtbar, daß Platons berühmte, von tiefem Humanismus durchdrungene Jugendschrift „Die Apologie des Sokrates" nicht als Gerichtsprotokoll oder als Gerichtsreportage und damit als unmittelbare Quelle gewertet werden darf, sondern als eine literarische Überhöhung der Geschehnisse angesehen werden muß und deshalb nur als Sekundärquelle verstanden werden kann.

In einer ersten Rede wandte sich Sokrates, offenbar lebhaft sekundiert von seinen Anhängern, gegen die Beschuldigungen, welche gegen ihn vorgebracht worden waren, wobei es mehrfach zu Rededuellen mit Meletos kam. Sokrates' Argumente waren durchweg fundiert und hätten überzeugen können, wenn der Sprecher nicht eine so selbstbewußte Haltung an den Tag gelegt hätte, daß sich dadurch die athenischen Richter, welche an Bitten, Flehen und Unterwürfigkeit von seiten der Angeklagten gewöhnt waren, schockiert und düpiert fühlten. Doch verfolgen wir den Gang der Dinge im einzelnen!

Zuerst die Beschuldigung wegen Religionsfrevels! Sokrates kann sich nur wundern: Haben ihn seine Landsleute, Meletos einbegriffen, nicht opfern sehen, wenn zu den Staatsfesten an den öffentlichen Altären solche Opfer dargebracht wurden? Und wie hätte er neue Gottheiten einführen sollen, da ihm doch eine göttliche Stimme Weisung gab, was er zu tun habe? Auf Vogelstimmen, auf den Donner, auf die Pythia in Delphi zu hören, um die Zukunft zu erforschen, war ja allgemein üblich; er aber, Sokrates, spreche von seinem Daimonion und glaube sich damit der Gottheit näher als die, welche den Vogelstimmen folgten (Xenophon, Apologie 10ff.).

Als über eine solche Aussage die Richter ihren Unmut bekundeten, reizte sie Sokrates noch weiter. Zum Beweis dafür nämlich, welche Ehre ihm die Götter zuteil werden ließen, führte er das von Chairephon seinerzeit eingeholte Orakel an, demzufolge ihm niemand an Edelsinn, Gerechtigkeit und Weisheit gleichkomme. Wie nicht anders zu erwarten, brach darauf ein Tumult im Gerichtssaal aus, der jedoch Sokrates nicht zu beirren vermochte. Dieser fuhr vielmehr voller Ironie fort: „Ach, meine Herren Richter, Gewichtigeres noch als über mich hat der Gott" — nämlich Apollon, der Herr des Delphischen Orakels — „in seinen Sprüchen über Lykurgos gesagt, der den Spartanern ihre Gesetze gab" (etwa im 8. Jahrhundert v. u. Z.). „Als der nämlich in seinen Tempel eintrat, sprach Apollon der Überlieferung zufolge ihn an: ,Ich überlege, ob ich dich einen Gott oder einen Menschen nennen soll.' Mich dagegen", fuhr Sokrates fort, „hat er nicht mit einem Gotte verglichen, nur unter den Menschen hat er mir bei weitem den Vorzug zugestanden" (Xenophon, Apologie 14f.). Ob zu Recht, stünde bei den Richtern zu überprüfen. Vielleicht wüßten sie jemanden, der weniger den körperlichen Begierden fröne. Oder es wäre ihnen jemand bekannt, der, unabhängiger und selbstgenügsamer als er, ebenfalls keine Geschenke und keine Bezahlung annehme. Wer wäre wohl eher gerecht zu nennen als er, der sich mit dem Vorhandenen begnügte, so daß es ihm nach Fremdem nicht verlange. Und müßte man nicht den als weise bezeichnen, der von Kindesbeinen an nicht müde wurde, das Gute zu suchen und zu lernen, wo immer er nur konnte. Schließlich spräche das Faktum für ihn, daß zahlreiche athenische Bürger, denen es um persönliche Vervollkommnung, um Arete, gehe, sowie nicht wenige Fremde den Umgang mit ihm vor anderen suchten, obwohl doch, wie jedermann bekannt, materiell von ihm nichts zu erwarten sei. Wenn aber dies alles und manches andre außerdem zuträfe, so verdiene er, Sokrates, mit Recht bei Göttern und Menschen Lob. Statt dessen beschuldige ihn Meletos als Jugendverderber. Doch, so frage er,

Sogenanntes Gefängnis des Sokrates, Athen

habe er je aus einem Verehrer einen Verächter der Götter gemacht, aus einem überlegten Mann einen mutwilligen Frevler, aus einem sparsamen Haushälter einen Verschwender, aus einem mäßigen Trinker einen Weinsäufer, aus einem Arbeitsamen einen Faulpelz? Wenn er daher – in Übereinstimmung mit dem athenischen Strafprozeßverfahren – nach dem Schuldspruch der Richter aufgefordert wurde, einen Vorschlag für die Höhe der zu verhängenden Strafe zu machen, so weigerte sich Sokrates beharrlich und ließ auch die anwesenden Freunde, die in der Mehrzahl wohl Nichtathener waren, nicht zu Worte kommen; denn, so argumentierte er, der Vorschlag käme einer

Anerkenntnis des Schuldspruches gleich. Eine derart offene Mißachtung der Psychologie der Athener Geschworenenrichter provozierte mit Folgerichtigkeit das Todesurteil.

Sokrates hatte nichts anderes erwartet; er bedurfte keiner Gnade von seiten seiner Richter und verschmähte auch das sichere Exil, das ihm seine Freunde anboten. Wohl aber wandte er sich, nachdem der Prozeß zu Ende gegangen, noch einmal an seine Mitbürger, die über ihn zu Gericht gesessen hatten – mit Freimut und nicht ohne Erbitterung: „Nun, ihr Herren Richter, diejenigen, welche die Zeugen anstifteten, ihren Zeugeneid zu brechen und falsche Aussagen gegen mich vorzubringen, sowie die, welche ihnen nachgaben, die haben jetzt alle Veranlassung, sich ihrer Gottesverachtung und ihres Unrechts bewußt zu werden. Ich dagegen, was sollte ich weniger gefaßt sein als vor meiner Verurteilung, wurde ich doch keines der Verbrechen überführt, deren man mich bezichtigte? Keiner konnte den Nachweis führen, daß ich anstelle des Zeus und der Hera und ihrer Mitgötter irgendwelchen neuen Gottheiten opferte noch daß ich bei anderen Göttern schwur und deren Namen im Munde führte; wie hätte ich weiter die jungen Männer verderben sollen, wenn ich sie an Ausdauer und Genügsamkeit gewöhnte? Die Verbrechen indes, auf die der Tod als Strafe steht, Tempelraub, Einbruch, Versklavung, Vaterlandsverrat, legen nicht einmal meine Widersacher mir zur Last. Deshalb kann ich mich nur darüber wundern, wie ihr eine todeswürdige Tat finden konntet, die von mir begangen sein sollte" (Xenophon, Apologie 24 f.).

Sokrates selbst freilich vermochte das alles nicht mehr anzufechten. Er weiß um mythologische Exempla, die seinen Fall vorwegnahmen und ihm darum zum Trost wurden, und für ihn ist Gewißheit: „Nicht mir, sondern denen, die mich verurteilten, gereicht der Prozeß zur Schande." – „Ich weiß, daß mir sowohl von der Zukunft wie von der Vergangenheit bezeugt werden wird, daß ich niemals jemandem Unrecht tat und keinen schlechter machte, daß ich aber meinen Gesprächspartnern, die ich ohne Entgelt unterrichtete, Gutes angedeihen ließ, soviel nur in meinen Möglichkeiten stand" (Xenophon, Apologie 26). Nach diesen Worten verließ er den Gerichtshof, in Blick, Haltung und Gang Gelassenheit ausstrahlend.

Sokrates hatte sein Leben und Wirken bewußt in den Dienst der Polis Athen in der Gestalt, in der er sie verehrte, gestellt; er wollte politischer Erzieher sein und war zum politischen Erzieher geworden. Das aber hieß, ein politisches Risiko eingehen, das sich vergrößerte, je mehr sich die Polis Athen von den Idealen und Wertvorstellungen entfernte, in denen Sokrates aufgewachsen war und die er sich zu eigen gemacht hatte. Ohne daß er darum auch nur im geringsten von dem Wege abzuweichen bereit gewesen wäre, den er in einem langen Leben als den für ihn richtigen erkannt hatte, war ihm offenbar doch bewußt geworden, daß die Umstände sich verändert hatten, daß die Zeit, in die er hineingestellt war, nicht mehr die seinige war, so daß seine Ideale irreal werden mußten. Sokrates' Leben hatte sich erfüllt, er vermochte als Lebender für die Sache, die er vertrat, nichts mehr zu leisten, wohl aber, indem er den ihm von der Polis bestimmten Tod bewußt akzeptierte, für die unerbittliche Konsequenz seines Strebens und politischen Tuns ein Zeugnis von höchster Eindrücklichkeit abzulegen. Unter solchen Umständen mußte ihm das Alter, das ihm bevorstand, wenn er sich der Ausführung des Todesurteils entzog, als höchst lästig erscheinen, der gewollte Urteilsvollzug dagegen als die Erfüllung eines im Dienste inzwischen antiquierter Polisideale geführten Lebens.

Nach all dem Gesagten haben wir Sokrates' Prozeß als einen politischen Prozeß anzusehen und zu bewerten. Die Anklage in der Form, in der sie formuliert wurde, war ein bloßer Vorwand; denn das, womit Sokrates der herrschenden extremen Sklavenhalterdemokratie anstößig geworden war und worin sie ihn treffen wollte, war juristisch nicht faßbar. Im übrigen kam es den Anklägern und ihren Hintermännern, soviel Persönliches auch hineinspielen mochte, primär nicht darauf an, Sokrates physisch zu erledigen, wohl aber mußte er mundtot gemacht werden; man wäre deshalb durchaus einverstanden damit gewesen — und eröffnete ihm alle Möglichkeiten dazu —, wenn Sokrates sich der Urteilsvollstreckung entzogen hätte. Er wäre dann der moralisch Unterlegene gewesen, der durch sein Verhalten die Richtigkeit des Urteils bestätigt und dessen juristische Unzulänglichkeit irrelevant gemacht haben würde. Der Sokrates dagegen, der das Gesetz und die Gesetzlichkeit der Polis auch dann noch anerkannte und befolgte, als diese gegen ihn ausschlugen, blieb seinem selbstgewählten Beruf als politischer Erzieher bis zum letzten getreu und ging darum als der moralische Sieger aus dem Prozeß hervor, der nicht die Schuld des Angeklagten, sondern den sittlichen und damit zugleich den politischen Verfall der Polis Athen an den Tag gelegt hatte. Der flüchtig gewordene Sokrates wäre wahrscheinlich bald vergessen gewesen, der Sokrates dagegen, der, um dem Gesetze Genüge zu tun, den Schierlingsbecher nahm, stand sogleich nach seinem Tode im Mittelpunkt erregter politischer und philosophischer Debatten und ist über Jahrtausende hinweg der volkstümlichste und in vieler Beziehung vorbildlichste Denker der Antike geblieben.

Sokrates' Tod

Die letzten Stunden des Sokrates sind durch zwei Dialoge Platons, den „Kriton" und den „Phaidon", in künstlerischer Verklärung dargestellt worden. Der unmittelbare Quellenwert beider ist freilich recht eingeschränkt. Das gilt vor allem für den „Phaidon" mit seinen Beweisen der Unsterblichkeit; denn daß der historische Sokrates diese Problematik je behandelte, ist nach allem, was wir zuverlässig über seine Lehre wissen, nicht sonderlich wahrscheinlich. Auch der „Kriton" ist in erster Linie Dichtung, welche die unbedingte Verbindlichkeit und Gültigkeit der Staats- und Gesetzesordnung, selbst wenn diese im Einzelfalle Unrecht hervorbringen mag, gegenüber dem Individualismus jedweder Motivierung herauskehrt. Da indes das Anliegen des Dialogautors mit dem des Dialogpartners Sokrates weitgehend identisch war, ist nicht zu bezweifeln, daß der „Kriton" wesentliche Züge des wirklichen Geschehens reflektiert, ohne daß diese freilich im einzelnen sicher faßbar zu machen wären.

Historisch ist zweifelsohne die Gelassenheit, mit der Sokrates sein Schicksal auf sich nahm, der Stimme seines Daimonions gehorchend und in der festen Überzeugung, den Tod der Polis Athen, der seine bedingungslose Liebe galt, schuldig zu sein. Historisch ist darum auch die Zurückweisung, als Kriton, Simmias, Kebes und andere Freunde sich auf ein neues Mal erbieten, durch Bestechung der Wärter Sokrates die Freiheit zu verschaffen (wobei stillschweigend vorausgesetzt werden kann, daß keine der übergeordneten Behörden sie daran gehindert haben würde). Und historisch ist auch die nicht im „Kriton", sondern im „Phaidon" erzählte Episode, daß Sokrates im Gefängnis seine Familienangehörigen entließ, um die letzten Stunden allein mit seinen Freunden zu verbringen; es ist durchaus hellenischer Vorstellung gemäß, daß der Dienst an den Freunden, der für Sokrates zugleich Dienst an der Polis ist, vor den persönlichen und familiären Verpflichtungen den Vorrang besitzt.

Historisch ist endlich auch die in mehreren Quellen berichtete

Weihrelief an Athena. Athen, Akropolismuseum

Verzögerung der Hinrichtung des Sokrates. Dessen Verurteilung fiel nämlich in die Zeit der Delien, eines musischen Wettkampfes, der alle vier Jahre auf der Insel Delos zu Ehren des Apollon durchgeführt und von den verschiedenen Stadtstaaten, darunter auch von Athen, beschickt wurde. Ehe aber die Festgesandtschaft aus Delos zurückgekehrt war, durfte, so wollte es die Sitte, keine Hinrichtung stattfinden. Für Sokrates entstand auf diese Weise ein Interim von dreißig Tagen, das ihm Gelegenheit bot, seine Gelassenheit angesichts des ihm zuteil gewordenen Schicksals und seine innere Ruhe im Hinblick auf den bevorstehenden Tod zu erweisen. Ebendiesen Tod erlitt er durch das Schierlingskraut (Conium), das ein Gift, das Koniin, enthält, welches in Athen, in einem Becher gereicht, zur Vollstreckung der Todesstrafe verwendet wurde. Sokrates nahm den Becher, voller Heiterkeit, ohne Zittern und ohne Blässe, ohne auch nur eine Miene zu verziehen; ja sogar seine Ironie blieb ihm bis in diese letzte Stunde erhalten: Ob es wohl erlaubt sei, von dem Trunke, wie von jedem Trunke, einige Tropfen den Göttern zu weihen, fragte er den Sklaven, der ihm den Giftbecher reichte. Dann tat er einige Schritte, bis er die Wirkung des Giftes in den Füßen und Schenkeln spürte, und legte sich darauf nieder, so, wie es ihm der Sklave, der im Gefängnis Dienst tat, geraten hatte. Als die Kälte schon fast den ganzen Unterleib ergriffen hatte, wandte sich der Sterbende noch einmal an Kriton: „Wir schulden dem Asklepios" (dem Heilgott und Götterarzt) „noch einen Hahn! Leistet das Opfer" (über dessen Bedeutung keine einheitliche Auffassung besteht) „und vergeßt es nicht!" (Platon, Phaidon 118 A.) Auf die Frage Kritons nach weiteren Wünschen folgte keine Antwort mehr. Der treue Freund schloß dem dahingegangenen Meister Mund und Augen. Über die Beisetzung des Sokrates — ihm selbst war es gleichgültig, ob man seinen Leichnam beerdigen oder verbrennen werde —, gibt es erstaunlicherweise keine antike Überlieferung.

Sokrates und die Folgen

Sokrates, der Sonderling mit dem abstoßenden Äußeren, der den ganzen Tag über disputierte, aber nichts Schriftliches von sich gab, der kein staatliches Amt bekleidete, aber durch sein eigenes Auftreten wie auch durch seine vornehmen Schüler innerhalb und außerhalb seiner Heimatstadt einen freilich unkontrollierten und unkontrollierbaren politischen Einfluß ausübte, war seinen Mitbürgern undurchsichtig, unheimlich, suspekt, und ebenjene mangelhafte und gleichzeitig verzerrte Kenntnis über das, was er tat und was er wollte, hatte zur Folge, daß ihn ungerechtfertigte Anschuldigungen und schließlich der mit der Todesstrafe endende politische Prozeß trafen. Alle solche Unkenntnis der Zeitgenossen über das Wirken des Sokrates läßt aber den berechtigten Schluß zu, daß dieses Wirken unmittelbar lediglich einen kleinen, wiewohl nicht einflußlosen Personenkreis erreichte. Die Masse der Athener nahm wohl von dem wunderlichen Manne Notiz, der jeden Tag auf den Straßen der Stadt unterwegs war; gleichzeitig aber hütete man sich, von ihm angesprochen und mit seinen unaufhörlichen Fragen behelligt zu werden. Der Prozeß und die Hinrichtung des Sokrates wurden daher offenbar schon bald vergessen, und es ist spätere Erfindung, deren apologetische Absicht nicht übersehen werden kann, wenn berichtet wird, die Athener hätten ihren Schuldspruch bereut und die dafür Verantwortlichen mit Strafe und Verbannung belegt. Wohl aber löste die Erinnerung an sein Wirken eine mit Lebhaftigkeit geführte literarische Auseinandersetzung aus, wobei sich recht differente Richtungen und Schulen ankündigten; der athenische Weise, der wahrscheinlich bewußt auf jede Schriftlichkeit verzichtet hätte, war eben von seinen Jüngern sehr unterschiedlich verstanden und ausgedeutet worden.

Schon in hellenistischer Zeit hat man diese Autoren unter dem Begriff Sokratiker zusammengefaßt, weil sie „Sokratische Schriften" herausgaben, worunter man eine sich neu herausbildende literarische Gattung verstand: In realistisch gestalteten Dialogen, in denen jedesmal Sokrates das Gespräch leitete,

Sokrates. Neapel, Nationalmuseum

wurden ethische Fragen behandelt. Daß dabei die Sokratesfigur immer mehr zur bloßen Folie für fremdes Gedankengut wurde, liegt auf der Hand.

Der wohl früheste unter diesen Sokratikern war Eukleides aus Megara (um 450 bis um 370), der bald nach Sokrates' Tode in seiner Heimatstadt eine eigene Schule gründete; die Angehörigen dieser Schule, als Megariker bezeichnet, haben auf dem Gebiete der Logik und der Dialektik einiges geleistet und auf diesen Feldern Aristoteles vorgearbeitet. Die, wenn man so will, plebejische Richtung im Rahmen jener Sokratiker repräsentierte der Athener Antisthenes (um 444 bis um 366). Er stellte sich gegen Platons Ideenlehre und predigte Abhärtung durch freiwilliges Ertragen von Strapazen und Bedürfnislosigkeit. Antisthenes lehrte im Gymnasion Kynosarges, das, für den Unterricht unebenbürtiger Bürgersöhne bestimmt, außerhalb der Stadtmauern lag; nach dieser Unterrichtsstätte sowie nach ihrer Lebensweise „wie die Hunde" (griech. kyon = „Hund") wurde seine Schule die kynische genannt. Für Aristippos (um 425 bis um 355) aus dem nordafrikanischen Kyrene und die von ihm gestiftete Schule der Kyrenaiker galt die Lust als höchstes Gut; um sie freilich erlangen zu können, bedürfe es, so lehrten sie, der Selbstbeherrschung und Mäßigung sowie Kenntnis der Kräfte, welche den Lustgewinn einschränkten. Mit Aristippos befreundet war der vorhin erwähnte Aischines (um 430 bis um 360) aus dem athenischen Demos Sphettos, der sich nach dem Tode des Meisters seiner Gattin Xanthippe angenommen haben soll; für ihn war Sokrates weniger der philosophische Lehrer als vielmehr der Mahner zu frommer und gerechter Lebensführung. Phaidon sodann, den wir als Gesprächspartner des nach ihm benannten Platonischen Dialogs kennenlernten, gründete in seiner Heimat Elis (im Peloponnes) eine Schule, die das Andenken des verehrten Meisters pflegte.

Während uns von den Schriften all der vorgenannten Autoren nur Fragmente und von ihren Lehren nur Informationen (Doxographien) erhalten geblieben sind, besitzen wir von Platon und Xenophon das gesamte Œuvre. An diesem werden uns Gemeinsamkeiten und Unterschiede der beiden Autoren eindrucksvoll sichtbar. Sowohl Platon als auch Xenophon entstammten der konservativen, auf spartanische Lebensformen und spartanische Politik orientierten Aristokratie Athens, und beide gehörten, im Lebensalter wenig differierend, in seinen letzten Jahren zum Schüler- und Freundeskreis des Sokrates. Obgleich sie also über lange Zeit einander tagtäglich begegnet sein müssen, erwähnt doch keiner von beiden den andern in seinem Werk. Das läßt auf einen tiefen Gegensatz in der Lebensführung wie in den philosophischen Anschauungen schließen und macht zugleich deutlich, auf wie unterschiedliche Persönlichkeiten Sokrates in jeweils unterschiedlicher Weise zu wirken vermochte.

Der Athener Xenophon, ein stattlicher junger Mann, ausgerüstet mit der geistigen, musischen und sportlichen Bildung seiner Klasse, war, wenn die Legende zutrifft, einst dem Sokrates auf der Gasse begegnet und von ihm geworben worden, an seinen Gesprächen teilzunehmen. Für den scharfen und vielseitig interessierten, weltanschaulich jedoch nicht allzu tiefschürfenden Beobachter bedeutete diese Begegnung eine Fundierung seines Weltbildes, die seiner späteren literarischen Betätigung in mannigfacher Weise zugute kam; das Zusammensein mit Sokrates war Xenophon jedoch nicht wichtig genug, um es nicht sofort aufzugeben, als sich ihm durch die Teilnahme an der Aktion des persischen Thronprätendenten Kyros die Möglichkeit zu militärischem Einsatz ergab. Für Platon dagegen, der die Krise seiner Polis und die Überlebtheit der Ansprüche und Ambitionen seiner Klasse zutiefst verspürte, bedeutete Sokrates den Inbegriff der Hoffnung, auf dem Wege über die Philosophie, die Freude an der Weisheit, zu sinnvollem gesellschaftlichem Wirken zu gelangen. Die Figur des Sokrates symbolisierte für ihn bis ans Ende seines Lebens den Weisen schlechthin, dem er die eigenen Gedanken in den Mund legte, auch wenn diese dem historischen Sokrates noch so fern und noch so fremd gewesen sein mochten.

Die Verurteilung des Sokrates führte zwar nicht dazu, daß der athenische Demos mobilisiert wurde oder gar Reue über den vermeintlichen Justizmord empfand, wohl aber rief sie eine Kontroverse hervor, die darum um so heftigere Formen annahm, weil Sokrates keine schriftlichen Äußerungen hinterlassen hatte und somit jede Berufung auf ihn im unverbindlichen bleiben mußte. Vor allem war es der zu seiner Zeit allgemein bekannte demokratische Sophist Polykrates, der die Gemüter in Bewegung brachte, indem er 393/92, offenbar als Antwort auf die Platonischen Frühschriften und andere, uns nicht mehr faßbare Äußerungen aus dem Schülerkreis, eine fingierte „Anklagerede wider Sokrates" in Umlauf setzte, die dem Anytos in den Mund gelegt wurde. Der Text, der in der Spätantike noch bekannt war, ist heute verloren; der politische Charakter des Sokratesprozesses wurde hier mit Nachdruck herausgekehrt. Es könnte sein, daß die Polykratesschrift Xenophon, der damals im Dienste des Spartanerkönigs Agesilaos II. stand, veranlaßte, mit einer Gegenschrift auf den Plan zu treten; ebendiese Gegenschrift, in der Fachliteratur als Schutzschrift bezeichnet, ist in den beiden ersten Kapiteln der „Memorabilien" noch faßbar. Als Ganzes entstanden die „Memorabilien", die „Erinnerungen an Sokrates", jedoch erst in den sechziger Jahren, als Xenophon auf seinem ihm von den Spartanern vermachten Landgut die Muße besaß, um sich konzentriert seinen literarischen Anliegen zu widmen.

Inzwischen hatte sich auch die Bildhauerkunst der Gestalt des Sokrates bemächtigt. Die Häßlichkeit des Philosophen, die in so krassem Gegensatz zu seinem Leben und seiner Lehre stand, mußte schon um dieses Widerspruches willen den Künstler faszinieren und zur Gestaltung der Persönlichkeit anreizen, die schon die Zeitgenossen mit einem Silen verglichen hatten, einem mythischen zweibeinigen Mischwesen: einem Menschen mit Pferdeohren, Pferdeschweif und Pferdebeinen und tierischem Gesichtsausdruck. Eine um 380 aufgestellte Bronzestatue — wir kennen nicht die näheren Umstände ihrer Errichtung — zeigte Sokrates, die Ohren unverhüllt, und hat mit diesem Typus eine in vielen Repliken faßbare bildnerische Tradition geprägt. Sie war vielleicht ein Jugendwerk des Atheners Silanion, der die Platonstatue für die Akademie schuf — neben Darstellungen von Heroen und Athleten. Ein zweites Standbild des Sokrates, gekennzeichnet durch verdeckte Ohren und damit eine weitere Tradition vertretend, wurde offenbar etwas später in dem Pompeion errichtet; das Pompeion war das Gebäude, in dem die Festzüge zum Panathenäenfest und zu anderen Festen zusammengestellt wurden. Als Schöpfer wurde der berühmte Lysippos genannt, der Zeitgenosse des Aristoteles und große Neuerer, welcher der hellenistischen Kunst den Weg bahnte.

Durch solch bildliche Verankerung blieb Sokrates im Gedächtnis der Athener lebendig, durch die um ihn sich rankende Literatur, und darunter vor allem durch die Dialoge Platons, die ihn regelmäßig zum Träger des Gesprächs machten, aber wurde er zum Bezauberer der Griechen, der diese zum exakten Formulieren gezwungen habe, wie ein Jahrhundert später nicht ohne Ironie der skeptizistische Wanderprediger Timon von Phleius (in der Argolis im Peloponnes gelegen) bemerkte. So blieb die Sokratesgestalt im philosophischen Schrifttum lebendig, wurde freilich immer mehr zur bloßen Hülle fremden

SOCRATES · MENDELSSOHN

Gedankengutes, je mehr unter den Bedingungen der hellenistischen Monarchien die Erinnerung an die altathenische Polis und ihre gesellschaftlichen Probleme verblaßte. Die griechischen Kirchenschriftsteller des Altertums rückten Sokrates neben Christus, hinter dem er freilich schon darum zurückstand, weil seine Anhänger nicht um ihrer Überzeugung willen in den Tod zu gehen brauchten.

Im Mittelalter ging die Erinnerung an Sokrates weitgehend verloren, und auch die Gelehrten der Renaissance hielten Platon und Aristoteles, die durch schriftliche Äußerungen faßbar waren, für bedeutender. Erst das 18. Säkulum wurde im besten Sinne zu einem „sokratischen Jahrhundert". Sokrates galt als der Typus des Popularphilosophen schlechthin, und zwar gleichermaßen sowohl für die rationalistische Aufklärung wie für die verschiedenen pietistischen Strömungen, aber auch für die Anhänger galanter Lebenskunst. In unserem Jahrhundert nutzte der griechische kommunistische Schriftsteller Kostas Varnalis den Prozeß des Sokrates zu einer brillanten Satire auf die kapitalistische Gesellschaft seines Landes und ihre philiströsen Ideale („Die wahre Apologie des Sokrates", 1931).

Die Eitelkeit, auf alle Fragen eine Antwort zu wissen, hat so manchen großen Geist verführt, Dinge zu behaupten, die er in dem Munde eines anderen getadelt haben würde. Sokrates war von dieser Eitelkeit weit entfernt.

Moses Mendelssohn

Die Quellen

Für das Zeitalter des Sokrates, das 5. Jahrhundert v. u. Z., in dem die griechische Kultur mit dem Zentrum Athen ihre volle Entfaltung erfahren hatte, verfügen wir über eine Vielzahl von Dokumenten verschiedenster Art, welche es uns gestatten, die wesentlichen ökonomischen, politischen und — im weitesten Sinne verstanden — kulturellen Strukturen jener Epoche zu erfassen; sie brauchen hier nicht im einzelnen aufgeführt zu werden. Was speziell Leben und Lehre des Sokrates anlangt, so stehen, während er selbst nichts Schriftliches hinterlassen hat, aus dem Kreise der Zeitgenossen zwei bedeutsame Zeugen zu Gebote, nämlich Platon und Xenophon. Das in ihren Schriften entwickelte Sokratesbild in seiner Beziehung auf den „wahren", „echten" Sokrates ist Gegenstand zahlreicher wissenschaftlicher Kontroversen gewesen. Deren Ergebnis läßt sich dahingehend zusammenfassen, daß der biedere, unphilosophische, aufs praktische Leben orientierte Xenophon sicher Sokrates in seinem erkenntnistheoretischen, ethischen und pädagogischen Wollen nur eingeschränkt hat folgen können; durchaus verläßlich sind dagegen die Aussagen, die er über das Auftreten des Sokrates, seine Gesprächspartner, die Art seiner Gesprächsführung, die Gegenstände, die er behandelte, aber auch über Sokrates' Lebensweise und Lebensauffassung machte. Xenophon war von Sokrates tief beeindruckt und bestrebt, das Ansehen des verehrten Meisters in seinen vier Büchern „Erinnerungen an Sokrates" ebenso wie in seinem „Gastmahl" hochzuhalten; unsere Darstellung hat daher ihm und den von ihm herangezogenen, heute im einzelnen nicht mehr faßbaren Sokratesschriften viel zu verdanken.

Auch Platon war zeit seines Lebens ein Verehrer und Bewunderer seines Lehrers Sokrates und brachte seine Erkenntlichkeit dadurch zum Ausdruck, daß er, abgesehen von seinem Alterswerk, den „Gesetzen", Sokrates in allen seinen Dialogen zum Leiter des Gesprächs machte; andererseits war Platon jedoch ein selbständiger Denker, der schon früh über den Meister hinauswuchs, so daß es unmöglich ist, im einzelnen zu entscheiden, wo wir in seinen Schriften unter Sokrates' Namen Sokratisches und wo Platonisches Geistesgut vorfinden. Immerhin geben die frühen Dialoge einiges für Sokrates' Biographie aus und sind von uns in diesem Sinne genutzt worden.

Für die Lehre des Sokrates sind die mehrfachen Erwähnungen bei Aristoteles (384—322), dem universalen Philosophen und Bahnbrecher der spezialwissenschaftlichen Forschung, von erheblichem Gewicht. Die Aussagen und Lehrmeinungen (Doxai) der Repräsentanten der verschiedenen Sokratikerschulen zeigen, in welch unterschiedlichen Richtungen und Formen Sokrates' Nachfolge fand. Die Biographien des Sokrates einerseits in den „Leben und Meinungen berühmter Philosophen", die Diogenes Laertios — ohne jede Kritik — im 3. Jahrhundert u. Z. aus den verschiedensten Überlieferungen zusammenstellte, und zum andern in dem byzantinischen Sachwörterbuch Suda (Suidas; 10. Jahrhundert) sind von späteren Vorstellungen überwuchert und für die reale Lebensbeschreibung nur wenig ergiebig. Die unter Sokrates' Namen gehenden Briefe sind Produkte einer sehr viel späteren Zeit. Alle diese Texte stellen Zeugnisse für das vielgestaltige und zugleich widerspruchsvolle Nachwirken des großen Atheners dar; Traditionen, die auf die eigene Gegenwart des Philosophen zurückgehen, haben sie jedoch nicht zu vermitteln. Als Quellen scheiden sie daher fast völlig aus.

Zeittafel

um 624	Drakon, der erste Gesetzgeber von Athen
um 611 bis um 546	Anaximandros
594/93	gesellschaftliche Reformen des Solon
um 585 bis um 525	Anaximenes
561/60	Beginn der Tyrannis der Peisistratos
559—529	Kyros II. Großkönig der Perser
546	Ende des Lyderreiches
529—522	Kambyses Großkönig der Perser
522—486	Dareios I. Großkönig der Perser
513	die Perser besetzen den Hellespont
508	Reformen des Kleisthenes
um 500	Anaxagoras geboren
500	Ausbruch des Ionischen Aufstands
um 495	Perikles geboren
494	die Perser zerstören Milet
493/92	Ausbau des Piräus
490	Erster Perserkrieg: Schlacht bei Marathon
486	Xerxes Großkönig der Perser
486	Beginn der Komödienaufführungen in Athen
um 485	Protagoras geboren
482	Verbannung des Aristeides, Flottenbauprogramm des Themistokles
481	griechisches Defensivbündnis gegen die Perser
480	Zweiter Perserkrieg: Schlacht bei Salamis
479	Schlachten bei Plataiai und Mykale
479/78	Bau der Langen Mauern in Athen
478/77	Wiederaufnahme des Kampfes gegen die Perser
472	Aischylos' „Perser" uraufgeführt
471	Verbannung des Themistokles
um 470/69	Sokrates geboren
zwischen 469 und 466	Schlacht am Eurymedon
468	Meteorfall bei Aigospotamoi
462	Aufkündigung der spartanisch-athenischen Bundesgenossenschaft
461	Verbannung Kimons
um 460	Thukydides geboren — Kritias geboren

um 460	Anaxagoras kommt nach Athen
457	Schlacht bei Tanagra
um 456	Aischylos gestorben
453	Niederlage Athens in Ägypten
451	athenisches Bürgerrechtsgesetz
um 450	Alkibiades geboren — Eukleides von Megara geboren
450	athenischer Seesieg bei Zypern
449	athenisch-persischer Friedensschluß
448	Kimon gestorben
um 447	Agathon geboren
447—438	Errichtung des Parthenons
446/45	dreißigjähriger Friede zwischen Athen und Sparta
um 444	Antisthenes geboren
444	Prophezeiung des Lampon
444/43	Sybaris neugegründet
443/42	Sophokles Schatzmeister des Attischen Seebundes
441—439	Aufstand der Samier
441/40	Sophokles Stratege
440	Aufführung einer Komödie (neben dem Dionysosfest) am Lenäenfest in Athen
um 440	Charmides geboren
437—432	Errichtung der Propyläen
432	Abfall von Poteidaia
431—404	Peloponnesischer Krieg
431/30	Perikles' Rede auf die Gefallenen
um 430	Xenophon geboren — Aischines von Sphettos geboren
429	Kapitulation Poteidaias
429	Pest in Athen: Tod des Perikles
um 428	Anaxagoras gestorben
427	Platon geboren
427	Gorgias in Athen
um 425	Aristippos geboren
425	Aristophanes' „Acharner" uraufgeführt
424	Abfall von Amphipolis, Niederlage der Athener bei Delion
424	Aristophanes' „Ritter" uraufgeführt
423	Aristophanes' „Wolken" uraufgeführt
422	Niederlage Athens bei Amphipolis
422	Sieg des Autolykos beim Panathenäenfest
421	Aristophanes' „Frieden", Eupolis' „Schmeichler" uraufgeführt

Weiterführende Literatur

Den seinerzeitigen Forschungsstand referierten mit selbständiger Urteilsbildung unter der Überschrift „Sokrates"

Wilhelm Schmid / Otto Stählin, Geschichte der griechischen Literatur, I 3, 1 (Schmid), München 1940, 217 ff.;

über die nachfolgende Entwicklung vgl. unter demselben Titel

Albin Lesky, Geschichte der griechischen Literatur, 3. Aufl., Bern 1971, 537 ff.

Eine gründliche Auseinandersetzung mit der zahlreichen einschlägigen Fachliteratur boten die beiden Bücher des portugiesischen Kommunisten

V. de Magalhães-Vilhena, Le problème de Socrate.

Le Socrate historique et le Socrate de Platon, Paris 1952, und Socrate et la légende platonicienne, Paris 1952.

Für die historische, gesellschaftliche und kulturelle Umwelt der Sokratesvita ist hinzuweisen auf

Reimar Müller, Kulturgeschichte der Antike, 1: Griechenland, Berlin 1976, insbes. S. 171 ff (im selben Kollektivwerk findet sich auch eine reiche Bibliographie).

Die Quellen zur Sokratesfigur sowie die Belege für ihr antikes Nachwirken finden sich in englischer Übersetzung bei

John Ferguson, Socrates. A source book, London 1970;

eine Biographie unter dem Aspekt heutigen bürgerlich-philosophischen Denkens, welche primär die antiken Zeugnisse in deutscher Übertragung sprechen läßt, bot

Gottfried Martin, Sokrates in Selbstzeugnissen und Bilddokumenten, Reinbek 1967 (Rowohlts Monographien).

Ein Bild der Persönlichkeit des Sokrates entwarf, mit den Quellen sich auseinandersetzend und die historische Umwelt berücksichtigend,

J. L. Fischer, The case of Socrates, englisch von Iris Lewitová, Prag 1969 (Rozpravy Československé Akademie věd. Řada společenských ved 79, 8);

die vorangegangene tschechische Ausgabe erschien unter dem bezeichnenden Titel

Sokrates nelegendárni (d. h. der nichtlegendäre, wirkliche Sokrates), Prag 1965.

Eine populäre Darstellung, welche vor allem Sokrates' Verdienste um Dialektik und Ethik und seinen Einfluß auf die weitere Entwicklung der antiken Philosophie herauskehrte, gab

Ф. Х. Кессиди, Сократ, Moskau 1976;

in ähnlicher Richtung tendiert auch die Biographie von

B. C. Нерсесянц, Сократ, Moskau 1977.

Olof Gigon, Sokrates. Sein Bild in Dichtung und Geschichte, Bern 1947,

vermittelte eine kritische Analyse der Sokratesüberlieferung mit dem zutreffenden Ergebnis, daß die antike Sokratesliteratur in erster Reihe als Zeugnis der Sokratiker über sich selbst und nicht über Sokrates zu werten ist. In solchem Zusammenhang maß

Jean Luccioni, Xénophon et le socratisme, Paris 1953,

Xenophon besondere Bedeutung bei.

Den pädagogischen Aspekt stellte

Adolf Busse, Sokrates der Erzieher, Leipzig 1914,

nachdrücklich heraus; um Sokrates als den „großen Geistesführer" bemühte sich

A. J. Festugière, Sokrates, deutsch von Alban Haas, Speyer 1950.

Geeignet, an die Sokratesthematik heranzuführen, ist

Jósef Toman / Miroslava Tomanová, Sokrates. Historischer Roman, deutsch von Karl Klausnitzer, Berlin 1978.

Einen Überblick über wesentliche Phasen der Entwicklung des Sokratesbildes und seiner philosophischen Bewertung gaben

Klaus Döring, Exemplum Socratis, Studien zur Sokratesnachwirkung in der kynisch-stoischen Popularphilosophie der frühen Kaiserzeit und im frühen Christentum, Wiesbaden 1979, und

Hans Günther Seebeck, Das Sokratesbild vom 19. Jahrhundert bis zur Gegenwart. Ein Beitrag zur Darstellung der wesentlichen Linien der Sokrates-Interpretationen und ihrer Haupt-Vertreter in diesem Zeitraum. Dissertation Göttingen 1947.

Bildnachweis

Zum Autor

Johannes Irmscher, geb. 1920 in Dresden, war Schüler der Kreuz-schule und studierte an der Universität Leipzig klassische Philolo-gie, Byzantinistik, Neogräzistik und Religionsgeschichte; auf allen diesen Gebieten sowie auf dem Felde der Antikerezeption wurde er später wissenschaftlich und publizistisch tätig. Nach der Befrei-ung des deutschen Volkes vom Faschismus nahm er Anteil am Wiederaufbau und an der Neugestaltung der klassischen Studien und ihres Publikationswesens, er half, Byzantinistik und Neogräzi-stik im Wissenschaftsprofil der DDR zu verankern (Mitarbeiter der Humboldt-Universität Berlin seit 1946, der Akademie der Wissen-schaften seit 1947, Professor seit 1953). Seit 1970 fungiert er als Präsident der Winckelmann-Gesellschaft. Er ist Mitglied der Aka-demien der Wissenschaften in Berlin, Kairo und Palermo, Mitglied bzw. Ehrenmitglied zahlreicher wissenschaftlicher Gesellschaften des In- und Auslandes. Von seinen Veröffentlichungen wirkte am weitesten das von ihm konzipierte und herausgegebene *Lexikon der Antike* (9. Auflage, Leipzig 1987). Theoretisch-enzyklopädischen Charakter trägt weiter seine *Einleitung in die klassischen Altertumswis-senschaften* (Berlin 1986).

Namenregister

(Zusammenstellung von Margot Melkert)

116

Inhalt